왜 그럴까?
일본 이야기

왜 그럴까? 일본 이야기

초판 1쇄 발행 2024년 11월 15일

지은이 한동우
펴낸이 한동우
펴낸곳 정우컨설팅
출판등록 제2020-000015호
주소 서울 동작구 동작대로 11길 20
이메일 tokyotop@naver.com

표지 캘리그래피 황혜정
교정 정은솔
검수 김나현
디자인 및 편집 지식과감성#

마케팅 지식과감성#
주소 서울시 금천구 벚꽃로298 대륭포스트타워6차 1212호
전화 070-4651-3730~4
팩스 070-4325-7006
이메일 ksbookup@naver.com
홈페이지 www.knsbookup.com

ISBN 979-11-972752-2-7(03300)
값 17,000원

- 이 책의 판권은 지은이에게 있습니다.
- 이 책 내용의 전부 또는 일부를 재사용하려면 반드시 지은이의 서면 동의를 받아야 합니다.
- 잘못된 책은 구입하신 곳에서 바꾸어 드립니다.

왜 그럴까?
일본 이야기

한동우 지음

일본은 노벨상을 29명이나 수상하였다. 왜 그럴까?
윤동주 시인 자료실이 일본 릿쿄대학(立教大學)에 있다. 왜 그럴까?
일본에는 500년 이상 된 노포가 228개나 된다. 왜 그럴까?

릿쿄대학교

정우컨설팅

| 머리말 |

　일본, 그들은 우리에게 무엇일까. 역사적으로 많은 아픔과 시련을 남겨 준 나라이다. 그리고 지리적, 문화적, 경제적으로 매우 가까운 이웃 나라이다. 아무리 떼려야 뗄 수 없는 존재였고 앞으로도 그러하다. 이러한 관계 속에 서로의 존재가 매우 중요한데도 풀어야 할 역사적인 문제나 정치적인 문제가 여전히 남아 있는 상황이라, 일본에 대해 제대로 알려지지 않은 부분이 있는 것 같다.
　우리는 항상 몇 년 또는 몇십 년 차이를 두고 일본과 비슷하게 따라간다는 말을 많이 들어 왔다. 실제로도 시간적인 차이가 있을 뿐 비슷하게 흘러가는 부분이 많이 있다. 그것이 경제가 되었건 사회적 현상이 되었건 말이다.
　이렇듯 우리는 일본에 대해 잘 알아 가야 하지만 현실은 그렇지 못했다. 따라서 그들의 의식이나 사상을 중심으로 "왜 그들은 그럴까?"라는 원초적인 질문에 그 원인을 꼭 알려 주고 싶었다.
　『왜 그럴까? 일본 이야기』는 『꼭 알려주고 싶은 일본이야기』를 10년 만에 업데이트를 하며 일본인의 의식을 중심으로 지금의 일본을 만든 그들의 장점을 파악하는 데 초점을 두었다. 우리가 참고로 해서 나아가야 할 부분이 많은 것 같다.

　서로 떨어질 수 없는 관계라면, 일본을 좀 더 다른 시각으로도 연구하고 알아 가는 과정이 필요한 것 같다. 일본을 알아 가기 위한 하나의 바탕이 되었으면 하는 바람이다.

| 목차 |

머리말 ··· 4

일본, 왜 노벨상 수상자가 많을까 ································· 8
세계 최고 수준에 오른 일본의 건축설계 ······················ 16
윤동주 시인 자료실이 일본 릿쿄대학(立教大學)에 있다? ····· 28
기본에 충실한 나라, 안전제일 ······································ 33
일본인의 주차 질서 의식 ·· 43
세계 최고의 서비스 정신, 오모테나시(おもてなし) ·········· 50
혼네(本音)와 타테마에(建前) ·· 62
전통을 이어 가는 쇼쿠닌(職人; 장인)이 많은 이유 ········· 66
사소한 발명품에도 격려하는 문화 ································ 78
매뉴얼화된 일본 ·· 83
입체적 공간 활용력 ··· 89
일본인의 가정교육, 시쯔케(仕付け) ······························· 95
맛집 방송, 경제발전의 단계인가 ··································· 99
와(和) 문화와 이지메 ·· 104
만화(카툰, 웹툰) 왕국 일본 ··· 112
거미줄 교통체계, 전철 ·· 119
토론의 생활화, 기론(議論) ·· 126
기록하고 남기는 일본 ··· 132

모순이 융화되는 일본 문화 ……………………………… 138
일본인의 노후대책은 "연금, 저축 그리고 자기 집" ………… 146
생존 경쟁 중인 일본 골프장 …………………………… 156
친절한 택시, 비싼 택시 요금 …………………………… 166
'영어 수업은 영어로', 일본의 영어 교육은 개혁 중 ………… 173
일본이 자랑하는 치안, 밤길도 안전 …………………… 182
일본의 자전거 문화와 주륜장(駐輪場) ………………… 191
국민성을 대표하는 비빔밥과 스시 ……………………… 197
일본인의 개인주의, 와리칸(割り勘) 문화 ……………… 204
일본 전통주택과 조립식 개량주택 ……………………… 210
일본 부동산 트렌드, 외곽에서 도심으로 회귀 중 ………… 220
60대의 80% 이상이 자기 집 보유, 왜 높을까? …………… 228
집주인과 세입자의 마찰이 없는 주택 임대 관리 ………… 236
경제 위기 이후에는 귀농 열풍? ………………………… 244
친환경 도시 만들기, 쓰쿠바(筑波) 연구 학원 도시 ……… 250

에필로그 …………………………………………………… 254

일본,
왜 노벨상 수상자가 많을까

기초를 소홀히 하지 않고 단계를 천천히 밟아 나가는 끈기
각각의 다양성을 인정하고 격려하는 사회적 분위기

현대의 상(賞) 중에서 가장 권위 있는 상이 노벨상일 것이다. 노벨상은 생리의학, 물리학, 화학, 문학, 평화, 경제학 등 6개 분야에서 인류에 가장 큰 공헌을 한 사람에게 주는 상이다. 이런 개인의 영광이자 국가의 자랑인 노벨상을 일본은 1949년 물리학상을 시작으로 2024년 현재까지 29명이나 수상했다. 이 중 기초과학인 물리학상이 12번이고, 화학상이 8번이나 된다. 그리고 나머지는 생리학·의학상 5번, 문학상 2번, 평화상 2번이다.

일본이 이렇게 많이 받는 동안 우리는 한강 작가의 문학상과 김대중 전 대통령의 평화상을 제외하면 기초과학 분야에선 단 한 번도 받지 못했다. 일본의 기술력이 매우 뛰어나다고는 이미 알고 있었지만, 우리가 아직까지 한 번도 못 받았다는 것은 분명히 어딘가 그 이유가 있을 것이다. 교육체계를 보더라도 일본이 그다지 창의력을 키워 주기 위한 특별한 교육을 시키는 것도 아니고, 우리와 비슷한 주입식 교육이 일반적이다. 그럼에도 불구하고 왜 이런 차이가 나는 것일까.

　일본인이 노벨상을 많이 받는 이유는 다음 두 가지 정도로 생각해 볼 수 있다. 첫째, 기초를 소홀히 하지 않고 단계를 천천히 밟아 나가는 끈기, 즉 장인정신에서 나온다고 생각한다. 내가 겪어 본 일본인은 순진할 만큼 원칙을 고수하고 단계를 뛰어넘지 않고 본인의 페이스대로 한 단계 한 단계 달성해 나가는 경향이 있다. 어떻게 보면 답답할 만큼 단계를 밟아 나간다고 할 수 있다.

　대학원 때의 일이다. 내가 석사 1년 차일 때 박사과정 1년 차 일본인 친구가 있었다. 그해 한 학기는 경제학에 대해 서로 토론하는 수업을 함께 들은 적이 있었다. 당시 그레고리 맨큐라는 경제학자의 학설이 인기를 끌고 있을 때인데 마침 수업에서 맨큐의 학설에 대해 토론하는 시간을 가지게 되었다. 일본인 친구는 나에게 『맨큐의 경제학』이라는 경제학원론 책을 같이 읽자고 권유하였다. 경제학원론이란 경제학의 기초나 마찬가지인 책인데, 상경계열이면 경제학원론 정도는 다 배웠는데 무슨 기초 책부터 다시 읽자는 건지 좀 의아해했지만, 그래도 친구가 권유하기에 약 2주 정도를 투자해서 같이 읽었던 적이 있었다. 당시 내가 생각하기에는, 경제학원론 책의 구성이 다 비슷하듯 초반에는 이미 알고 있는 수요와 공급곡선 내용이라 대충 훑어보고 뒷장에 가서 좀 자세히 읽어 보면 되지 않을까라고 생각했었다. 솔직히 이미 대학 때 다 배운 경제학원론을 굳이 다시 읽는 것도 시간이 아깝다고 생각했었다. 그런데 하물며 박사과정에 있는 친구가 기초 책인 경제학원론을 몰라서 읽자는 것은 아니었을 것이다. 그런데 그는 경제학원론을 하루에 1장(章)씩 그것도 정독을 하는 것이다. 단어 하나하나 놓칠세라 정말 또박또박 읽는 것이다. 하루에 1장(章)을 다 읽으면 책을 덮고 한참을 혼자서 생각에 잠기는 것이다. 그렇게 한 2주일 정도를 매일같이 하니까 『맨큐의 경제학』을 모두 정독할 수 있었다. 끝까지 다 읽은 후에 그 친구는 맨큐에 대한 본인의 생각을 나에게 말하였다.

나는 이 친구를 보며 세 가지 점에서 놀라웠다. 첫째는 본인이 박사과정이라도 기초 책을 소홀히 대하지 않는다는 점이다. 둘째는 답답할 정도로 천천히 한 단계씩 읽어 나간다는 점이다. 셋째는 선입견을 가지지 않으려고 책을 다 읽은 후 평가를 한다는 점이다. 나는 이 친구의 행동 양식을 보면서 일본의 기초과학이 그냥 하루아침에 이루어진 것은 아니라는 생각을 가지게 되었다. 기초를 너무나 소중히 생각하는 자세, 그리고 답답하더라도 각 단계를 지키는 자세 등이 바탕이 되어 일본을 기초과학의 강국으로 만든 것이다.

한국과 일본의 노벨상 수상자 수가 차이 나는 두 번째 이유는 일본 사회가 각각의 다양성을 인정하고 그 다양성 하나하나를 매우 격려하는 분위기이기 때문이라고 생각한다. 사회 전체를 보면 일본인들은 규칙과 매뉴얼에 따라 움직여도 각 개개인은 정말 다양한 성향들로 구성되어 있다. 사회집단의 화합과 조화를 깨뜨리지만 않으면 각 개인들의 다양한 성격, 다양한 행동 등 모든 것이 받아들여지는 사회라고 할 수 있다. 일본도 명문대 입시 열기는 뜨겁다. 그러나 반드시 대학을 가야 하는 것으로 생각하지는 않는다. 만화전문학교를 가서 만화를 그려도 되고, 요리전문학교를 가서 요리를 배워도 되고, 미용전문학교에 가서 미용을 배워도 되는 등 이 모든 것을 개인의 다양성으로 인정하고 그 다양성이 각각의 길로 나아가도록 격려된다. 쉽게 이야기하자면 우리보다는 직업에 대한 선입견이 많이 없는 편이고 어느 직업이든 그 분야에서 한 우물을 파면 장인정신으로서 높게 평가를 해 주는 것이 일반적인 일본 사회 분위기이다.

내가 생각하기에는 정말 별것 아닌 것도 일본인들은 진지하게 표현하고, 또 그것을 받아들이는 사람도 진지하게 받아들인다. 실수나 실패를 했을 때, 정말 책에 나오는 듯한 틀에 박힌 위로의 말과 격려를 하는 모습에 가식적이라고 느껴졌던 적도 있지만, 알고 보면 정말 순진함에서 나오는 진심이었던 적이 많았다. 누군가가 실패를 했을 때 "지금까지 이렇게 다르게 생각한 부분은 매우 대단해. 이렇게도 한번 해 보는 게 어때."라고 격려를 해 준다든지 또는 엉뚱한 실험, 기발한 생각으로 시간이 걸리더라도 좀 기다려 주고 지켜봐 준다든지 하는 것이 일본의 사회적 분위기이다. 이런 분위기 속에서는 실수가 두렵지 않을 것이고 자신이 생각했던 것을 이리저리 궁리해 볼 수도 있을 것이다. 이러한 궁리가 창의적인 발상이 되는 경우도 있고 뜻밖의 우연한 결과를 발견할 수도 있는 것이다. 이에 대한 예로 2002년 노벨화학상을 받은 다나카 고이치(田中耕一)에 대한 이야기를 해 보자.

2002년 일본 사회가 떠들썩했다. 어리숙한 모습의 40대 초반 샐러리맨으로, 전형적으로 일에 쫓겨 사는 옆집 아저씨 같은 사람이 TV에 나왔다. 카메라 플래시가 폭죽처럼 터지는 가운데 마이크 앞에 서서, 눈을 어디다 맞춰야 좋을지 모르는 것 같은 어색하고 긴장한 모습이었다. 천천히 그리고 작은 목소리로 인터뷰를 하고 있었다. NHK를 통해 보고 있노라니, '참 촌스럽다. 머리라도 좀 손질하고 나오지.'라는 느낌이 들 정도였다. 그가 바로 노벨화학상 수상자인 다나카 고이치(田中耕一, 당시 43세)였다. 석박사 출신도 아닌 단지 학사 출신의 정말 평범한 직장인이 세계를 놀라게 하는 노벨상 수상자로 확정된 것이다. 노벨상 후보만 올라도 학계나 정부에서 벌써 신상에 대해 꿰차고 있는 게 보통이지만, 다나카의 경우 수상자로까지 확정되었어도 '다나카 고이치가 도대체 누구냐?'라고 학계, 정부 등에서 그에 대한 정보를 수집하느라 분주했다고 한다. 그의 가족들은 방송에서 다나카의 이름이 나왔을 때 '동명이인이 있는가 보다.'라고 생각했고, 그가 다니던 회사에서조차도 기자들의 문의 전화에 처음에는 '잘못 알고 있는 것 같다.'라는 반응을 보였을 정도였다고 한다.

　다나카 씨는 학창시절이나 살아온 인생이 전혀 특출나지 않는, 정말 보통 사람이었다. 대학을 졸업하고 취직할 때까지 한 번도 남의 눈에 띌 만큼 탁월해 본 적이 없었다. 지방 국립대인 토호쿠(東北)대학 재학 중에 학점을 못 따서 1년 유급을 하며 겨우 5년 만에 대학을 졸업했고 성적도 하위권에 속해 있었다. 졸업 후 취업 활동으로 일본 유명 가전업체인 소니(SONY)에 지원했으나 면접에서 떨어졌다. 지방 중견기업인 계측·분석기구회사인 '시미즈제작소'라는 회사에 겨우 입사하였지만, 정작 본인의 전공인 전기공학과는 다른 화학부문 연구원으로 출발하였다. 그는 직장 동기 중에서도 승진이 가장 늦었다. 동기생 70명이 거의 모두가 과장, 부장이 대부분인데, 40대에 일개 '주임'으로 남아 있었다. 연구에 방해가 된다고 느껴 승진시험을 보지 않았기 때문이었다. 그는 자신이 화학 지식에 어두웠던 탓인지는 몰라도, 안 될 것이라고 미리 속단하기보다는 새로운 시도를 해 보려 했기 때문에 '엉뚱한' 실험을 많이 했다고 한다. 1987년, 다나카는 이런저런 실험을 하던 중 실수로 두 용액을 잘못 섞었다가 '단백질 구조 해석 방법'을 발견하게 된다. 이것으로 다나카는 존 펜(미국 버지니아주립대 교수), 쿠르트 뷔트리히(스위스 연방공대 및 미국 샌디에이고 스크립스연구소 교수) 등 2명과 함께 노벨화학상을 받게 되었다. 그는 기자회견에서 솔직하게 '실수에 의한 발견'이라고 털어놓았고 다나카가 수상자로 결정된 후 한동안 화제가 된 말이 '실수로 발견'이었다.

겸손해서 '실수로 발견했다.'라고 했을 것이지만, 끈질기게 본인의 생각대로 진지한 연구를 하는 가운데 우연히 특별한 '힌트'를 얻었던 것이라 할 수 있다. 한 단계 한 단계 답답할 만큼 본인의 페이스대로 끊임없이 연구해 나갈 수 있었던 것도 참고 지켜봐 주는 사회적 분위기가 없었다면 불가능했을 것이라고 생각된다. 이런 사회적 분위기가 바로 실수를 두려워하지 않도록 격려하는 것이고 이것이 곧 개개인의 창의력을 키우는 결과가 되는 것이다.

월드컵 4강 신화를 이룬 히딩크 前 축구 국가대표 감독이 한국의 모 대학 특강에서 2002 한일 월드컵 축구대회 당시 한국의 4강 신화를 이룬 비결을 소개하였다. 그는 한국 팀을 처음 맡았을 때의 첫인상을 "선수들이 열정적으로 훈련하는 것을 보고 감동을 받았다."라고 하면서 한국 선수들은 "창의력이 부족하고 동기 부여가 덜 된 모습을 보였다."라고 전했다. 팀을 강하게 만들고자 히딩크 감독은 "두려움이 창의력을 방해하는 요소라 보고 선수들이 실수하는 걸 두려워하지 않도록 정신 무장을 시켰다."라고 덧붙였다.

히딩크 감독의 말은 나에게는 충격이었다. 한국 국가대표 팀에만 국한된 문제점이라기보다는 우리나라 국민의 장단점을 매우 정확하게 표현한 것 같은 느낌이었기 때문이다. 열정적이고 부지런하게 일하는 모습은 세계 최고이지만 창의력이나 동기부

여가 부족한 것은 숨길 수 없는 사실인 것 같다. 실수를 할까 두려워하는 것, 실수가 용납되기 어려운 것 그리고 참고 기다려주지 못하는 것, 이 모든 것이 우리 한국 사회의 분위기인 것 같다. 이런 분위기를 바꿔 나가야지만 우리에게도 노벨상에 버금가는 뛰어난 연구개발 실적이 나오지 않을까.

근래의 대학 입시 경향을 보면 기초 과학 분야인 물리학이나 화학은 인기가 없어서 경쟁률도 낮고 급기야 미달까지 발생하고 있다. 많은 돈을 벌 수 있는 의대만 인기가 높다. 그래서인지 정부에서도 의대 정원을 확대하는 정책을 추진 중이고, 기초과학 분야는 등한시하는 느낌마저 든다. 우리가 세계에서 살아남으려면 국력과 경제력이 있어야 한다. 기초과학이 국력으로 직결되고 원천기술이 확보되면 그로 인한 경제력은 엄청 높아진다. 한국인의 IQ 수준은 세계 상위에 위치해 있을 정도로 뛰어나다. 그러나 창의적인 발전은 IQ 수준에 비해 떨어지는 것 같다. 많은 학생들이 기초과학 분야에서 창의력을 발휘할 수 있도록 분위기를 만들어 가야 할 것 같다.

우리가 생각하고 있는 것만이 옳다고 하기보다는, 폭넓게 개인의 다양성을 인정하고, 다양한 사람들의 다양한 생각을 격려해 주는 사회적 분위기가 필요하다. 우리가 지금까지 해 온 것 중에서 우리 스스로 맞다고 인정한 것만 하는 것이 사회적으로도 칭송받아야 한다는 생각부터 버려야 할 것이다. 그래야지 창의적인 길이 열리지 않을까 생각된다.

세계 최고 수준에 오른
일본의 건축설계

건축계의 노벨상인 프리츠커상 수상자 2024년까지 9명 배출
외국 문물을 적극적으로 배우고 수용하여 자국 문화로 흡수
도제식(徒弟式) 시스템이 일본 사회에 여전히 통용

    1990년대 도쿄를 여행하는 사람들이 꼭 들러 보던 곳이 신주쿠(新宿)에 있는 도쿄도청 건물이었다. 나도 1990년 중반 당시 도쿄 유학 시절 지인이 관광을 오면 항상 빠지지 않고 데려갔던 곳이 도쿄도청 건물이었다. 전체적인 외관은 일본의 전통 건축에서 가져왔다고는 하지만 유럽의 대성당 같은 느낌에 컴퓨터 칩 같은 현대적인 감각을 더한 느낌이다. 총 높이는 48층으로 33층에서 1청사와 2청사가 건물의 양쪽 탑 모양으로 나뉘어져 있다. 도쿄도청의 45층에는 전망대가 있어서 도쿄 시내를 한눈에 볼 수 있기에 많은 여행객들이 찾고 있는 관광 명소이다.

도쿄도청

신주쿠 서쪽 오피스 거리(좌), 신주쿠 동쪽 가부키초(우)[1]

1 이미지 출처: https://www.pakutaso.com/

신주쿠의 동쪽은 가부키초(歌舞伎町)가 있는 번화가지만 서쪽은 오피스 빌딩들이 들어서 있는 오피스 거리이다. 도쿄도청은 신주쿠의 서쪽에 위치하고 있어 이러한 주변 분위기와도 잘 어우러져, 2000년 중반까지 도쿄의 랜드마크와 같은 역할을 했다.

이 도청 건물 설계자가 전 세계적으로도 유명한 단게 겐조(丹下健三, 1913~2005)이다. 그는 건축업계에서의 노벨상과 같은 프리츠커(Pritzker) 건축상을 1987년 아시아인 최초로 수상했다고 한다. 건축 부문에서는 노벨상과 같은 것이라고 하니 대단한 것 같다.

요요기(代々木) 국립 경기장

1964년 도쿄올림픽 개최 당시 메인 스타디움인 요요기(代々木) 국립 경기장 설계도 그가 했다.

일본의 전통미가 접목되어 한눈에도 일본 스타일이라는 것을 금방 알아차릴 수 있을 정도이며 건물 외관의 곡선미로 인해 전체적으로 아름답다는 것을 느낄 수 있다. 1964년 당시에 이런 건물을 설계할 정도라니 놀라움이 느껴진다.

후지TV 본사

또한 우리에게도 잘 알려진 도쿄 오다이바(お台場)에 있는 후지TV 건물도 그가 설계한 작품으로 건축설계에 문외한인 내 눈으로 보아도 설계가 보통이 아니라는 것이 금방 느껴질 정도이다. 후지TV 건물에 대한 나의 느낌은 두 건물을 중간중간 통로로써 연결시킨 격자 형태의 초현대적 감각에 사각형과 원형이 조화를 이루어 미래지향적인 방송국이라는 이미지를 느끼게 하는 것 같았다. 일반 사람이 건축물의 외관을 보고 그 회사가 지향하는 의미를 느낄 수 있다면 그 설계는 매우 성공했다고 볼 수 있지 않은가. 이처럼 건축설계란 무생물인 건물에 숨결을 부여하는 것과도 같은 것이라 생각한다.

우메다 스카이 빌딩[2]

　　오사카에 가면 오사카 랜드마크인 우메다(梅田) 스카이 빌딩이 있다. 여기도 오사카 관광에서 빠지지 않는 곳인데, 우리들에게는 공중정원으로 많이 알려져 있는 건물이다. 40층짜리 타워 건물 두 개가 서 있고, 두 건물의 옥상을 넓은 원형 정원으로 연결하여 마치 정원을 공중에 띄워 놓은 듯한 느낌이다. 이것이 공중정원이라 부르는 전망대이다. 360도 파노라마로 장애물 없이 전망을 즐길 수 있는 곳이라 오사카 시내를 한눈에 볼 수 있다. 1993년에 건설되었지만 독특한 외관으로 아직까지도 오사

2　이미지 출처: https://www.pakutaso.com/

카에서 가장 현대적이고 미래지향적인 감각을 지닌 건물로 평가받고 있다. 두 건물의 옥상을 다리로 연결한 것이 아니라 넓은 원형 공간으로 연결했는데 건축설계 업계에서는 이러한 건축설계가 결코 쉬운 것이 아니라고 한다.

건축설계 업계에서 알려진 이러한 특별한 건물들을 빼더라도 일본의 도시 건축물들은 전체적인 분위기가 차분하면서 위엄 있게 느껴진다. 그리고 더 중요한 것은 어느 한 건물만이 독특하게 보이는 것이 아니라 주위 건물과의 조화를 이루고 있다는 점이다. 도시의 아름다움이 건물들의 조화에서 느껴지는 것은 나의 주관적인 관점일 수도 있다. 그러나 긴자(銀座), 오테마치(大手町), 니혼바시(日本橋), 신주쿠(新宿) 등 번화가나 오피스 거리를 가 보면 건물의 외관도 물론이지만 우선 느낄 수 있는 것은 건물의 배치와 신구(新舊)의 어우러짐이 '차분하다'는 인상이다.

새로운 건물을 짓더라도 주위와 조화를 생각해서 지은 느낌이다. 그래서 그런지 지역에 따라 어떤 건물은 매우 모던하고 웅장한 직선의 묘미를 보여 주기도 하고 또 어떤 건물은 전통과 잘 접목시킨 조화의 미를 보여 주기도 한다. 즉 전반적으로 전통과 현대적 감각이 잘 조화를 이루며 어느 하나 튀는 것이 없기 때문에 보는 이의 마음이 편안하다는 느낌이다. 상상해 보라. 낡은 저층 건물들 사이에 혼자만 돋보이고자 통유리나 차가운 도시적 느낌이 나는 스틸로 지은 초고층 건물이 들어섰다면 도시 전체가 편안하게 보이겠는가. 더군다나 낡은 저층 건물들이 정리 정돈이 안 된 어수선한 분위기라면 더더욱 신축 건물이 주위 환경과 어울리지 않는 최악의 랜드마크가 될 수 있을 것이다. 아무튼 일반인이 그 도시를 보고 차분한 아름다움을 느낄 수 있다는 것은 도시 설계상 일단은 잘된 작품이라고 생각된다.

 일본의 건축설계 수준은 세계 최상급이라고 한다. 그래서 우리와 격차가 많이 나는 분야 중의 하나가 건축설계 부문이라고 한다. 앞에서 언급한 건축업계의 노벨상인 프리츠커상 수상자를 일본은 2024년까지 9명을 배출하여 미국(8명)을 제치고 최다 수상자 배출국이 되었지만 우리나라는 아직까지 한 명도 못 받은 상태이다. 물론 프리츠커상 수상자 수만 놓고 설계 수준의 격차를 이야기할 수는 없지만 그래도 객관적인 판단 기준은 될 수 있을 것이다. 단지 개인적인 느낌일 수 있지만 확실히 차이가 있기는 있다고 본다. 건축설계 수준을 평가할 때 고층 건물도 판단의 중요한 요소가 된다. 우리나라도 요즘은 고층 건물들이 많이 들어서 있다. 하지만 우리나라에서 50층 이상 되는 고층 건물들의 설계는 대부분 외국계 설계업체들이 담당했다고 한다. 어느 신문의 기사 내용에 실린 국내 한 건축설계사 관계자의 인터뷰 내용을 보면 '외국 건축가가 건물 콘셉트와 기본을 설계해 방향을 잡아 주면 한국 업체가 참여하는 식'이라며 '우리(한국) 역할도 물론 중요하지만 대부분 로컬 파트너란 이름으로 한쪽 발만 담그는 수준'이라고 한다. 초고층 건물의 설계는 설계

측면뿐만 아니라 엔지니어 측면에서도 고도의 기술을 요하기 때문에 건축에서의 종합 결정판이다. 이 분야에서 최고 수준은 미국, 일본, 독일 등이 차지하고 있고 우리나라는 아직까지 초보 단계라는 것이 설계 전문가들의 대체적인 평가라고 한다. 특히 일본은 지진이 많은 나라라서 어느 정도의 지진에도 견딜 수 있도록 한 내진설계 부문에서는 세계 최고이기에 이런 기술적인 부분을 감안한다면 그 평가는 더욱더 높아질 것이다.

역사적인 관점에서 보면 일본은 1867년 메이지유신(明治維新) 이후 외국 문물을 받아들였기에 그 이전에는 근대적 건물들이 별로 없었을 것이고 그 이후는 전쟁으로 어수선한 과정을 겪는 가운데에서 근대 건축설계 기술이 축적되었을 것이다. 이렇게 따지면 한 100~120년 정도의 기간에 확립된 기술이 현재 세계 최고 수준으로 대우받고 있는 것이라 할 수 있다.

반면 한국은 어떠할까. 1900년 중반까지 일제 강점기라서 건축설계에 대해 제대로 배울 수 없었을 것이고, 배웠다 하더라도 일본으로부터 배웠을 것이다. 그리고 1945년 광복 이후는 6.25전쟁으로 어수선했기에 체계적으로 배울 수 있는 기회는 그다지 없었을 것이다. 이렇게 따지면 한국의 건축설계는 대충 60~70년 정도의 짧은 시간에 이룬 기술이라고 볼 수 있다. 건축설계 기술을 축적할 시간으로 보더라도 차이가 날 수밖에 없다.

그러면 일본은 건축설계 부문에서 어떻게 세계 최고 수준까지 올라갈 수 있었을까. 건축설계 부문에서 전문가가 아닌 일반인의 입장에서 한번 생각해 본 개인적인 의견을 말하자면, 우선 외국 문물을 받아들이기까지 마음먹기는 어려우나, 받아들이려고 마음먹으면 아주 적극적으로 배우고 또 일본 문화와 접목시켜 흡수하는 능력이 탁월했기 때문이다.

 일본 축구를 보면 일본인들의 이런 성향을 아주 잘 알 수 있다. 1970~80년대 일본 축구는 어디를 보나 한국보다 한 수 아래라고 평가했다. 그러나 1990년부터 변화를 보이며 2000년대 들어서는 일본 축구 수준이 FIFA 랭킹으로는 한국보다 앞서고 있다. 어떤 변화가 있었을까. 1991년에 일본 프로축구 'J리그'가 탄생했다. 이때부터 브라질 국가대표 출신의 세계적 스타플레이어인 코임브라 지코(Coimbra Zico) 선수가 일본 J리그 선수로 뛰기 시작했다. 물론 일본이라는 나라가 자본력이 있었기에 가능했겠지만 배우고자 하면 어디서든 좋은 선수를 데려다가 한 수 배운다는 생각으로 받아들인다. 그냥 보고 같이 뛰면서 배우는 것뿐만 아니라 그 선수의 모든 것을 여러 각도에서 분석하고 기록으로 남겨서 배우는 것이다. 지코 선수가 은퇴한 후에는 일본 국가대표 팀 감독으로 남게 해서 또 한 번 그의 스타일을 배웠다. 훌륭한 선수나 감독 영입이 얼마나 큰 영향을 미치는지는 우리도 히딩크 감독을 영입해 보았기에 알 수 있을 것이다. 또한 1990년 중반 당시 일본의 유소년들이 브라질, 아르헨티나 등으로 축구 유학을 떠났다. 우리나라 같으면 '먹고살기도 어려운 판에 공부를 위해 유학 가는 것은 몰라도 굳이 축구 배우려고 유학까지 갈 필요가 있을까?'라는 생각이 일반적일 것이다. 그러나 일본은 좀 달랐던 것 같다. 배우려고 할 때는 전방위로 다양하게 받아들이려는 경향이 매우 강하다는 느낌을 받았다.

이렇듯 배우고 받아들여 자국 문화로 흡수하는 탁월한 능력이 건축설계 부문에서도 이루어졌기 때문에 일본 건축설계 부문이 현재 세계 최고 수준에 올라가 있는 것이다. 많은 사람들이 건축설계를 배우려고 미국, 유럽으로 유학을 갔고 또 세계 건축설계 거장들의 작품들을 일본에 짓도록 하면서 그 아이디어, 기술 노하우 등을 흡수했던 것이다.

건축설계 부문에서 세계 최고 수준이 된 또 다른 이유는 여전히 도제식(徒弟式, 스승 밑에서 훈련 받으며 배우는 방식) 시스템이 일본 사회에 통용되고 있기 때문이다. 아무개 스승 밑에서 배웠다는 등 스승의 기술을 제자에게 가르쳐 주는 도제식 시스템이 우리나라에도 아직까지 남아 있는 대표적인 직업은 의사일 것이다. 일본에서는 이러한 도제식 시스템이 학교는 물론 일반 사회에서도 곳곳에 많이 남아 있는 분위기이다. 건축설계 부문에도 누구누구 스승 밑에서 배워서 그 맥을 잇는다는 등의 도제식 시스템이 많이 통용되는 업종이다. 스시를 배우기 위해 유명한 스시집을 찾아가서 몇 년에 걸쳐 차곡차곡 요리를 배워 수제자가 된다는 일본 도제식 시스템 이야기는 많이 들어서 알 것이다. 세계적으로 20세기의 가장 중요한 건축가 중 한 사람으로 평가되는 단게 겐조(丹下健三) 역시 스위스의 모더니스트 르 코르뷔지에(Le Corbusier)의 제자인 마에카와 구니오(前川國男, 1905~1986)라는 일본 건축계 거장의 사무실로 들어가 설계를 익히게 되고 그 후 단게 겐조도 후학을 양성하게 되었다.

이렇듯 일본에는 건축설계 부문에서도 여전히 도제식 시스템이 작용되어 스승의 설계 노하우, 아이디어 등이 철저히 축적되고 또 전달될 뿐만 아니라 이를 바탕으로 창조되고 있다.

한국에서도 건축설계 부문의 많은 사람들이 유학을 가서 선진 기법을 배우고 또 활용하는 능력은 매우 뛰어나다. 그리고 그 한 사람 한 사람의 아이디어도 매우 창의적으로 평가받는다. 그러나 전반적으로 그러한 기술을 배우고 또 이전시키는 사회적 시스템은 좀 부족한 것 아닌가 생각된다.

2013년 국토교통부가 건축설계 산업의 경쟁력을 확보하기 위해 정책 과제를 구체화하고 있었다. 그러기 위해 산·학·연·관 T/F팀(9개)을 구성하는 등 건축설계 산업 살리기에 업계, 학계, 연구소 그리고 정부가 함께 나섰다. 당시 우리나라의 건축설계 부문은 매출 기준으로 OECD 27개국 중 20위권 수준에 불과하며, 우리나라에서 발주한 상징성이 큰 대형 건물들조차 외국 유명 건축가에게 설계를 의뢰하고 있는 실정이라고 한다.

우리나라의 건축 및 설계 분야에서 60~70년이라는 짧은 기간 동안에 이 정도 위치까지 올라온 것은 정말 대단하다고 느낀다. 짧은 기간 동안에 올라온 만큼 과부족이 있기 마련일 것이다. 건물을 짓는 것도 그 나라가 자본력이 있어야 할 것이지만,

국가가 발전해 가는 가운데 기존 건물들이 관리되고 또 새로운 건물들이 지어지는 그러한 순환 과정이 장기에 걸쳐 지속적으로 이루어져 나가야 하는 것이 도시계획이다. 건축설계 발전 단계에서 보면, 우리나라는 현재 해외에 배우러 많이 나가고 있고 또 건축 능력 여부를 떠나 랜드마크 건물은 외국계가 주로 설계를 하는 그러한 단계에 위치해 있다. 일본에서도 분명 이런 단계를 거치면서 발전해 왔을 것이다. 그러면 그다음 단계는 무엇일까. 우리나라는 이제부터 해외에서 배워 오는 인재들이 후학을 양성할 수 있도록 사회적 시스템과 정서를 만들어 갈 필요가 있다. 또 우리나라에서 지어지는 저명한 외국 건축가의 아이디어, 노하우 등을 배우고 기록으로 남겨 많이 활용할 수 있도록 해야 할 필요도 있다.

 일본 도시 번화가의 느낌을 '차분하다'고 표현했는데, 차분하게 되기 위해서 일본도 대형 및 중소형 빌딩, 주택 등의 조화롭고 균형 있는 발전이 이루어져 왔을 것이다. 어찌되었건 최근 한국에서도 대형 랜드마크 빌딩들이 많이 들어서고 있지만 주변과의 조화로운 발전이 되려면 아마도 중소형 건물 및 주택 건물에서의 건축설계도 함께 발전해야 할 것이다. 건축설계 등 공학 분야와 예술적 감각이 합쳐진 도시 미학, 도시 디자인 등 학문의 발전이 상당히 필요해질 것 같다. 이제부터는 선진국으로 진입하는 가운데 의식도 바뀌어 가는 시기이기 때문이다.

윤동주 시인 자료실이
일본 릿쿄대학(立敎大學)에 있다?

일본 사회에서는 다양성이 많이 인정된다.
순수한 청년의 마음에 대한 추모이다.

도쿄 이케부쿠로(池袋)에 있는 릿쿄대학(立敎大學)에 가면 윤동주 시인 자료실이 있다. 릿쿄대학은 1874년에 설립되어 150년 전통을 가진 일본 사립 종합대학이다. 일본에서는 도쿄대학(東京大學), 게이오기주쿠대학(慶應義塾大學), 와세다대학(早稻田大学), 메이지대학(明治大学), 호세이대학(法政大学)과 함께 '도쿄 6대 대학(도쿄 로쿠다이)'으로 불린다. 윤동주 시인은 1942년 릿쿄대학 영문과에 입학하였다.

릿쿄대학

릿쿄대학 전시관(좌), 전시관 안내판(우)

릿쿄대학 도서관 의자(좌), 도시샤대학 윤동주 시비(우)

릿쿄대학 전시관에 가면 윤동주 시인의 자료실이 마련되어 있고, 여러 가지 유품을 전시해 놓았다. 또한 2010년부터는 '윤동주 국제교류 장학금'을 설치하여 매년 학생들에게 장학금을 지급하고 있고, 이를 기념하여 도서관 의자에 '시인 윤동주'라는 이름표를 붙여 놓았다.

윤동주 시인이 도쿄 릿쿄대학에서 교토로 옮겨 수학한 도시샤대학(同志社大學)에 가면, 윤동주 시비(詩碑)가 세워져 있다.

또한 매년 양 대학에서는 추모회 행사가 개최되고 있다. 이러한 분위기가 일본에서는 위화감이 없는 것일까.

반대로 생각해 보자. 만약 한국에서 일본 시인의 자료실을 만들어 일반인들에게 전시하고 시비를 건립하고 매년 추모식을 할 수 있을까.

그렇다면 일본은 한국의 민족 시인을 추모하는 것이 사회적으로 통용되는 것일까, 왜 그럴까.

첫째, 일본 사회에서는 다양성이 많이 인정된다.

일본 사회는 집단주의라는 큰 틀을 매우 중시하며 그 틀을 깨지 않는 한도 내에서는 개인과 조직 및 단체의 다양성이 인정되는 사회이고, 또한 서로 간의 다양성을 인정한다. 사회적으로 전통적으로 내려오는 틀을 매우 중시하는 경향이 있다. 이 틀을 벗어나지 않는 범위에서 다양성은 존중된다. 어떻게 보면 사회적 에티켓, 즉 예의, 배려와 규칙을 지킨다면, 개인이든 집단이든 그 다양성은 존중되는 사회이다. 릿쿄대학 내에 외국인인 윤동주 시인의 자료실을 따로 만들어 전시를 한다는 사실만으로도 매우 이례적이라고 생각할 수 있다. 일본 속에 한국인의 민족 시인에 대한 추모하는 행위 자체는 개인, 단체의 다양성을 인정하는 사회적 분위기로 설명이 된다. 그러나 왜 추모를 할까에 대한 것은 다음 두 번째 이유에 있다.

둘째, 순수한 청년의 마음에 대한 추모이다.

학창 시절 윤동주 시인의 「서시」를 배웠지만 일제 강점 시절을 살아 본 것이 아니라서 그런지 서시의 애절한 느낌이 와닿지는 않았다. 한국에서 만든 〈동주(2016년)〉라는 영화를 보았을 때 느낌이 조금 다가왔다. 그 느낌이 일본인이 왜 윤동주 시인을 좋아하고 추모하는지에 대한 답이 되었다. 그것은 바로 순수한 청년의 마음과 비극적인 삶이다. 서시를 배우고 영화를 보았을 때 그 「서시」의 문장이 마음으로 느껴졌다. 아마도 윤동주 시인은 하늘을 바라보고 별을 셀 정도로 순수한 마음의 소유자였고, 일제 강점기라는 시절 속에서 살아가야 하는 것 자체가 매우 괴로웠을 것이다. 평온한 삶을 원했는데, 인생이 시대의 소용돌이 속으로 휘말려 갈 때 얼마나 괴롭고 외롭고 슬펐을지가 느껴졌다. 이러한 마음을 국경과 언어와 민족을 넘어 순수한 인간의 선한 마음으로 바라보았을 때, 청년 윤동주 시인은 일본인이 정말 좋아하고 추모할 만한 인물이라고 생각이 든다.

이러한 두 가지 이유로 일본 사회 속에 윤동주 시인의 추모는 매년 열리고 발전적인 모습으로 확대되어 가고 있다. 윤동주 시인이 단지 '릿쿄대학 유학생이었고 한국의 유명한 시인이라서'라는 이유만으로 외국 유학생의 자료를 전시하고, 시비를 만들고 추모를 하겠는가. 물론 역사적인 입장이 다르겠지만 외국인에 대한 추모는 문학적인 평가 이전에 다양성을 인정하는 사회적 분위기와 청년 윤동주의 순수한 마음에 대한 경외심, 이 두 가지가 합쳐져서 만들어진 것이다.

영화 〈동주〉를 일본의 한 대학에서 수업 시간에 학생들에게 보여 주었다. 유튜브에 댓글로 소감이 올라왔던 것을 읽어 보니, 많은 학생들이 '청년 윤동주의 인생 스토리가 너무 슬퍼서 마음이 아프다'라고 느끼는 것 같다. 그리고 '역사의 아픔을 알게 되었다', '과거의 사실로 역사를 알면서 한국을 좋아해야겠다'라는 소감도 있었다.

일제 강점이라는 역사적인 사실에서 가해자와 피해자로서의 입장이 다를 것이지만, 외국 유학생의 순수한 마음과 문학적 평가를 높게 평가하고 추모하는 것은 쉬운 일이 아닐 것이다. 분명한 것은 윤동주 시인은 국경을 넘어, 언어와 민족을 넘어 사람의 마음을 이어 주고 있다. 이렇게 이어지는 순수한 마음이 더욱 확대되고 공고히 된다면 양국 간의 관계는 어떤 것에도 흔들리지 않을 것이다. 릿쿄대학과 도시샤대학의 추모 행사가 더욱 발전되기를 바란다.

기본에 충실한 나라,
안전제일

**일본은 기본에 매우 충실하다.
기본을 철저히 지키는 것이 일본 사회의 정서이고
결국 이것이 바탕이 되어 안전제일의 국가가 된 것이다.**

　세계에서 가장 안전을 생각하는 나라를 꼽으라면 일본을 빼놓을 수가 없다. 일본에 한 번이라도 가 본 사람들은 과할 만큼 안전에 신경을 쓴다는 것을 느낄 수 있을 것이다. 도로의 공사 현장만 보더라도 가장 눈에 들어오는 점은 인부들의 옷차림이다. 안전모, 허리 벨트, 안전띠, 작업 신발 등 머리부터 발끝까지 규정대로 철저하게 갖춰 입은 모습을 볼 수 있다. 안전모도 턱끈으로 고정시켜 쓰고 있고 옷차림도 깨끗이 해서 작업을 하고 있다. 게다가 공사 자재의 정리 정돈도 매우 잘되어 있고, 안전 펜스나 안내문 등도 깨진 것이나 칠이 벗겨진 것이 없을 정도로 깨끗하고, 보행자의 우회 도로에서는 안전 요원이 정중한 자세로 계속 인사하며 안내를 하는 등 어느 하나 부족함이 없는 완벽함에 놀랄 것이다. 가끔 저 정도 공사를 하는 데 안전 요원이 저렇게 많이 필요할까라고 느껴질 정도로 안전을 최우선으로 생각한다는 것이 느껴진다. 분명 안전 요원이 많아지면 인건비가 늘어나서 건설사 측에서 보면 그다지 도움이 되지 않을 것인데 말이다. 아무튼 우리가 흔히 한국에서 보는 공사 현장과는 사뭇 다르다는 것을 금방 알아차릴 것이다.

건설 공사 현장

주) 공사 인부의 복장과 공사장 내부의 정리 정돈이 잘되어 있다.

인도 일부의 화단 공사

주) 인도의 일부의 화단 공사에 7~8명의 인부가 우회 인도 설치 후 작업 중에 있다.

이런 노력 때문인지, 일본은 산업재해로 인한 사망률이 매우 낮은 편이다.

사망재해 발생률(근로자 10만 명당 발생률)

	한국	일본	미국
2010년	7.9	2.4	3.5
2011년	7.9	2.1	3.5
2012년	7.3	2.2	3.4
2013년	7.1	2.1	3.3
2014년	5.8	2.1	3.4
2015년	5.3	1.9	3.4
2016년	5.3	1.8	3.6
2017년	5.2	1.9	3.5
2018년	5.1	1.7	3.5
2019년	4.6	1.6	

2020년	4.7	1.5	
2021년	4.3	1.6	
2022년	3.4	1.4	

주) 국제노동기구(ILO, International Labour Organization)

    2022년 산업재해 통계 자료를 보면 10만 명당 일본은 1.4명 사망하는 반면 우리나라는 3.4명 사망하는 것으로 나타났다. OECD 국가 중 하위 수준을 보이고 있다. 2010년도만 하더라도 일본이 2.4명, 한국이 7.9명 사망하여, 예전에 비하면 많이 나아졌다고 생각하지만 여전히 일본에 비하면 안전 의식이 한참 못 미치는 것 같다.

도로 교통사고 사망률(인구 10만 명당)

	일본	한국	영국	스페인	독일	아이슬란드	프랑스	호주	이탈리아	미국
2010년	4.5	11.1	3.0	5.3	4.5	2.5	6.4	5.6	6.9	10.6
2011년	4.3	10.5	3.1	4.4	4.9	3.8	6.3	5.1	6.4	10.3
2012년	4.1	10.8	2.8	4.1	4.4	2.7	5.8	5.6	6.2	10.6
2013년	4.0	10.1	2.8	3.6	4.1	4.6	5.2	5.5	5.6	10.2
2014년	3.8	9.4	2.9	3.6	4.1	1.2	5.3	4.9	5.6	10.1
2015년	3.8	9.1	2.8	3.6	4.2	4.8	5.4	5.1	5.7	10.9
2016년	3.7	8.4	2.8	3.9	3.9	5.4	5.4	5.3	5.5	11.4
2017년	3.5	8.1	2.8	3.9	3.8	4.7	5.4	5.0	5.6	11.4
2018년	3.3	7.3	2.8	3.9	4.0	5.1	5.1	4.5	5.6	11.0
2019년	3.1	6.5	2.7	3.7	3.7	1.7	5.0	4.7	5.3	10.8
2020년	2.7	6.0	2.3	2.9	3.3	2.2	3.9	4.3	4.0	11.5
2021년	2.6	5.6	-	-	3.1	2.4	4.6	-	4.9	-

주) OECD 「Transport Safety」, UN 「World Population Prospects」, 도로교통공단 「교통사고 통계분석」, 통계청 「장래인구추계」

또한 2021년 교통사고 사망자 통계를 보면 10만 명당 일본은 2.6명, 한국은 5.6명 사망하는 것으로 나왔다. 우리나라도 물론 안전 의식을 고취시키기 위해 안전 교육 및 안전 운전을 강조하고 있지만 결과적으로는 일본보다 안전 의식이 상당히 낮다는 것을 객관적 수치로 알 수 있다.

왜 일본은 안전도가 이렇게 높을까. 바로 일본은 기본에 매우 충실하기 때문이다. 우리가 보기에는 너무 순진할 정도로 기본에 충실하다고 보면 된다. '초등학생도 아니고 뭐 저 정도로까지 할 필요 있겠나' 싶어도, 일본인은 초등학생처럼 규정에 나온 대로 정확하게 지킨다. 이러한 사례는 일본 어디서나 쉽게 찾아 볼 수 있는데 그중 하나가 전철 승무원들이 안전 확인을 하는 행동이다.

안전 확인[3]

3 이미지 출처: https://www.pakutaso.com/

10년 전까지만 하더라도 전철이 역에서 정지하고 출발할 때 승무원과 역무원들이 선로 옆에 서서 절도 있는 자세로 손가락으로 허공을 가리키거나 뭔가를 지적하며 복창하는 모습을 많이 볼 수 있었다. 어떤 때에는 승객이 한 명도 없는 플랫폼에서도 규정대로 승무원은 혼자서 이런 행동을 한다. 이런 행동을 일본에서는 '시사칸코(指差喚呼, しさかんこ)'라고 하는데 해석을 하면 '지적하면서 복창하기'라는 뜻이다. 즉 체크해야 할 것을 하나하나 손가락으로 지적하고 복창하면서 확인해 나가는 안전 확인의 한 방법이다. 일본에서 전철이나 전철역의 맨 앞 또는 맨 뒤에 있으면 일본이 얼마나 안전에 신경을 많이 쓰는지 알 수 있을 것이다. 우선 전철이 플랫폼에 들어와서 정지를 하면 맨 뒤 칸 승무원실에 타고 있는 승무원이 전철 창문으로 고개를 내밀어 전철이 바닥 정지선에 정확히 섰는지를 확인한다. 그리고 본인 손가락으로 바닥에 있는 정지선을 가리키며 '10량 정지 좋음(10両停止よし!)'이라 복창하고는 전철 문을 연다. 그리고는 승무원실에서 나와 차려 자세로 서서 맨 앞쪽을 향해 승객이 타고 내리는 것을 지켜본다. 승객이 다 탄 것을 확인한 후 문을 닫고 이상 없음을 확인 후, 손가락으로 플랫폼 앞쪽을 가리키며 '플랫폼 좋음(ホームよし!)'이라고 복창한다. 그리고 이어서 손가락으로 신호기를 가리키며 '신호 좋음(信号よし!)', 또 손가락을 역 기둥에 붙어 있는 모니터를 가리키며 '모니터 좋음(モニターよし!)'이라 복창한다. 그리고 발차에 이상 없음을 확인하고, 전철 승무원실에 타서 '발차(発車!)'라고 복창한 후 전철을 출발시킨다. 플랫폼 맨 앞에는 보통 각 역에서 나온 역무원이 전철의 후방을 손가락으로 가리키며 '후방 좋음(後方よし!)', 또 신호기를 손가락으로 가리키며 '신호 좋음(信号よし!)' 등 안전을 이중으로 함께 확인하는 '시사칸코(指差喚呼; 지적하며 복창하기)'를 한다. 그러고는 전철이 플랫폼을 빠져나가면 역무원은 떠나가는 전철 꼬리 부분을 손가락으로 가리키며, 전철이 플랫폼을 잘 빠져나갔는지 최종 확인을 한다. 승객이 있거나 없거나 상관없이 모든 전철, 지하철이 역마다 정지, 출발할 때 승무원이 내려서 시사칸코(指差喚呼)를 하면서 확인에 확인을 한다. 각 전철 회사의 체크 항목에 따라 시사칸코(指差喚呼) 내용은 조금씩 차이가 있지만 승객의 안전을 확인한다는 목적에서는 동일하다.

 또 일본 전철은 맨 앞 승객 칸에서 조종실을 볼 수 있도록 해놓았다. 전철 조종실을 보면, 운전사 혼자서 전철을 운행하면서도 계속 손가락으로 지적을 하며 중얼대는 것을 볼 수 있다. 전철을 운행하면서도 철로 주위에 공사를 한다든지 신호등이 나오면 시사칸코(指差喚呼)를 하면서 운행하는 것을 알 수 있다. 전철을 운행하면서도 스스로 주의해야 할 부분을 환기시킨다는 의미에서 그렇게 한다. 이러한 안전 확인 행위인 시사칸코(指差喚呼)는 전철뿐만 아니라 안전 의식이 필요한 일본의 모든 회사에서 실행하고 있다고 보면 된다. 경력이 어느 정도 되는 베테

랑일지라도 또는 주위에 아무도 없이 혼자만 있어도 안전 규정에 대해서는 대충대충 넘어가지 않고, 기본과 규정을 철저히 지킨다.

작은 부분에서도 안전바 설치(좌), 도로 멈춤 표시(우)

얼마 전 교토 여행을 가서 한적한 주택가를 거닐었다. 이면도로의 사거리에 보면 바닥에 '멈춤' 표시가 있다. 호기심에 멀리서 지켜보았다. 사람이 있으나 없으나 멈춤 표시에 앞에서는 반드시 멈추는 차량들이 대부분이었다. 지켜야 하는 규칙은 반드시 지키려고 하는 운전 습관, 안전 의식 등은 배워야 할 것 같다.

이외에도 일본인이 안전에 민감하다는 것은 군데군데에서 많이 눈에 띈다. 도로 주위의 잔디를 깎더라도 안전 장비는 있는 대로 모두 갖춰 입고 일을 한다거나 모자 끈 하나, 신발 끈 하나 흐트러짐 없이 만반의 안전 준비를 갖추고 작업에 임한다. 우리가 보기에는 너무 순진할 정도로 기본을 잘 지킨다고 생각될 정도지만, 기본을 철저히 지키는 것이 일본 사회의 정서이고 결국

이것이 바탕이 되어 안전제일 국가가 된 것이다.

우리나라는 1인당 GDP가 3.5만 달러가 넘고 세계 무역 규모도 8위에 오르는 등 선진국 대열에 들어 있다고 자부한다. 그러나 한편으로는 산업재해 사망률로 보면 OECD 국가 중 최하위권을 기록하고 교통사고 사망률도 높은 편이라는 점 등 안전에 있어서는 분명 선진국은 아니다. 우리는 우리 스스로가 안전 불감증에 우려를 나타낼 정도로 안전에 대해서는 둔감하다. 경제 발전 속도로 세계를 놀라게 했던 그 이면에는 이러한 어두운 면도 가지고 있는 나라이다.

왜 그럴까. 그 답은 일본에서 찾을 수 있다. 기본에 충실하지 않기 때문인 것이다. 도로 공사 현장을 보면 정리 정돈되지 않은 자재로 인해 누군가가 다칠 수 있다는 생각을 하지 않은 듯한 느낌을 준다든지, 작업 인부의 안전 장비 차림은 본인의 안전보다는 겨우 규정에 어긋나지 않을 만큼만 준비한 듯한 인상을 주고 있다. 또한 인도를 점령해서 작업하면서도 우회 통행로를 만들지 않아 보행자가 스스로 주의해서 작업 차량을 피해 가야 하는 경우, 우회 통행로를 만들어도 대충대충 이곳으로 둘러 가라는 듯한 인상을 주는 통행로, '통행에 불편을 주어 죄송합니다'라는 알림판 하나 설치해 놓고 안전 주의 의무를 다했다는 듯한 작업, 작업 중인 고가 사다리차 밑으로 지나가라는 작업 등 여러 가지 기본을 잘 지키지 않는 예는 상당히 많다. 그리고 지하철역에서도 승객이 문에 끼었는데도 출발한 사고, 유모

차가 지하철과 철로 틈새에 빠졌는데도 그냥 출발한 사고 등 안전사고가 계속 반복되고 있는 상황이다. 안전사고 방지를 위해 CCTV로 모니터링한다든지 안전 펜스를 설치하는 등 많은 좋은 장비가 동원되고 있지만 기본을 철저히 하지 않는 상황에서는 이 또한 무용지물로 전락하지 않을까.

기본은 사회 초년생이나 지키는 것, 이 정도쯤은 괜찮지 않을까, 공사 비용을 생각해서 빨리빨리 끝내자, 단속에만 안 걸릴 정도의 형식만 취하자 등등 이런 생각들이 무의식중에서 자리 잡고 있지는 않는지 생각해 보아야 할 것이다.

우리나라의 외형만큼은 분명 선진국 문턱에 진입했다고 본다. 다른 선진국들과 어깨를 나란히 하려면 의식도 선진국 수준으로 바뀌어야 하지 않을까. 기본만 철저히 지켜도 안전불감증이라는 오명에서는 탈출할 수 있다고 본다.

일본인의
주차 질서 의식

**첫째, 규칙을 잘 지키기 때문이고,
둘째, 남한테 폐를 끼치지 않으려는 마음이 있기 때문이고,
마지막으로 정리 정돈을 잘하기 때문이다.**

　일본은 가정교육인 시쯔케(仕付け)를 통해 어릴 때부터 자기 물건, 자기 몸 등을 정리 정돈하는 습관을 철저하게 가르친다. 한국의 유치원에서도 자기 물건 정리 정돈하는 것을 가르치지만 집에서는 부모들이 자녀 이불 정리라든지 놀고 난 장난감, 읽고 난 책 등 대신 정리 정돈해 주는 경우가 보통일 것이다. 부모들이 빨리 해 버리는 것이 오히려 편하기 때문이다. 일본은 유치원생이라도 친구 집에 놀러 갔다가 돌아올 때는 놀았던 장난감을 정리해 주고 오는 것이 보통이다. 집에서는 자기 이불 정리는 기본이고 자기 물건 정리 정돈은 스스로 하도록 교육받는다. 부모들도 본인들이 하면 빠르겠지만 자녀 교육상 좀 천천히 기다리더라도 자녀 스스로 하도록 한다. 또한 어릴 때부터

자기 몸은 스스로 씻도록 가르친다. 물론 씻기 싫어하는 애들도 있기 마련이지만 가정교육의 일환으로 저녁마다 목욕통에 들어가 씻도록 한다. 일본의 목욕 문화는 저녁에 목욕통에 들어가 하루의 피로를 푸는 것으로 하루를 마무리하는 것이다. 목욕통에 물을 받아 어른부터 아이까지 차례로 들어가 씻고 나오는 게 보통이다.

　어릴 때부터 가정교육으로 이러한 정리 정돈 습관을 길러 주었기에 일본 도시 전체가 정리 정돈이 잘된 느낌을 받는다. 도쿄나, 오사카뿐만 아니라 지방도시를 가 보아도 한마디로 첫인상이 정리 정돈이 잘되었다는 느낌일 것이다. 뒷골목을 가 보아도 도로가 깨끗하고 뭔가 수납이 아기자기하게 잘 정돈된 느낌이다.

깨끗한 도로

공사장 근처 깨끗한 골목

선로 옆 뒷골목

각 가정집의 주차 모습도 마치 '자동차를 수납했다'라는 느낌을 받을 수 있을 정도로 좁은 공간에 아주 딱 들어맞게 주차해

일본인의 주차 질서 의식 | **45**

놓았다. 좁은 공간이지만 어떻게 저렇게 잘도 넣었을까 하는 생각이 들 정도로 주차가 잘되어 있다 보니 골목에 불법 주차가 거의 없다. 일본의 도로, 골목길이 깨끗하고 정리가 잘된 것처럼 느껴지는 데는 일본인의 주차 의식이 크게 한몫한다.

주택 주차장

우리나라는 솔직히 불법 및 무단주차 천국이다. 도로나 주택 골목길에 나가 보면 매일 불법주차, 무단주차와의 전쟁일 정도로 주차 질서로는 꽝이라 할 수 있다. 좁은 골목길에 소방차로를 막는 주차, 길모퉁이 주차, 인도를 점령한 주차, 대문을 막아 버린 주차, 긴급차량 통행을 방해하는 주차, 연락처도 없이 진입로를 막는 주차, 주차장 문 앞 주차, 개인 사유지 무단주차 등등 다양한 불법 또는 무단주차 행태를 빈번히 볼 수 있다. 아무리 복잡한 곳이라도 공간이 조금만 있으면 일단 주차하고 본다. 빈

공간 하나 없이 불법주차를 하는 것을 보면 정말 대단하다는 생각이 든다.

그러면 일본은 왜 불법 또는 무단주차가 적은 것일까. 일본도 사람 사는 곳이라 불법 또는 무단주차가 없지는 않다. 그러나 불법, 무단주차가 적은 이유는 첫째, 규칙을 지키기 때문이고, 둘째, 남한테 폐를 끼치지 않으려는 마음이 있기 때문이고 마지막으로 정리 정돈을 잘하기 때문이다.

그 이유를 따지고 보면 일본의 예의범절 교육인 시쯔케가 답인 것이다. '일본인은 국가의 말(言)을 잘 따르는 국민이다'라고 우리에게 알려져 있다. 이것을 바꿔서 말하면 국가가 정한 규칙, 룰을 잘 지키는 국민이라 할 수 있다. 그러면 상대적으로 다른 나라에 비해 일본인은 왜 국가가 정한 규칙을 잘 지킬까. 그것은 일본인이 개인보다는 집단의 질서, 안녕 등을 중시하는 민족으로 '집단의 와(和)'를 매우 중요시해 왔기 때문이다. 따라서 일본 가정교육인 시쯔케에서도 이러한 사상에 부합하여 개인이 사회의 일원으로 살아갈 수 있도록 예의범절을 가르친다. 국가가 정한 규칙은 다른 모든 사람이 따르는 룰이라 개인이 이러한 룰을 깬다면 그 집단(나카마, 仲間; 한패, 동료)에서 제외되기 때문에 일본인들은 룰을 지키려고 노력하는 것이다.

불법, 무단주차가 적은 두 번째 이유는 어릴 때부터 교육받아 왔던 남에게 폐를 끼치지 않으려는 사상 때문이다. 본인이 불법, 무단주차를 함으로써 다른 자동차나 사람들의 통행에 방해되는 것이 폐를 끼친다고 생각하는 것이다. 즉 그렇게 생각하는 것은 본인의 편리성보다 남에 대한 배려를 우선 생각하기 때문에 가능한 것이다.

　마지막 이유로는 정리 정돈을 잘하기 때문이다. 일본의 골목에서 도로와 가정집들이 배열되어 있는 모습을 보면 도시의 구획정비가 잘되어 있는 것 같다. 좁지만 똑바른 길, 그 길 양편으로 들어선 집들과 각 집들의 경계, 도로와의 경계, 작은 집이지만 한편에 주차장을 잘 끼워 넣어 공간 활용의 효율성을 보여주는 듯한 설계, 상가들의 정리된 간판 등을 보면서, 일본은 과연 수납, 정리의 달인이구나 하는 느낌마저 든다. 낡고 오래된 집이지만 잘 정리된 지붕, 이가 잘 맞는 창문, 나뭇결을 그대로 살린 수수한 벽면, 작고 앙증맞은 간판 등이 아주 잘 어울려 마치 연출한 것 같은 느낌마저 드는 집들이 많다. 이런 집들이 하나하나 모여 오래되었지만 정리 정돈이 잘된 도시처럼 보이는 것이다.

　우리나라도 도로와 주택 환경을 정리하는 과도기적 시기라 정리가 잘 안 된 것같이 보일 수도 있다. 1980~90년대에 지어진 주택과 현재 지어지는 주택은 주차장 면적이 많이 차이가 난다. 거의 1가구당 한 대 정도로 자동차를 보유하고 있는 현재, 주택에서 자동차 주차 면적은 턱없이 부족하다. 아파트와 같은 공동주택은 그나마 좀 나을 수는 있지만 다가구, 다세대 등 주택 밀집 지역의 주차난은 이루 말할 수가 없을 지경이다. 이 때문에 최근에 지어지는 주택에는 그나마 주차장 면적을 어느 정도 확보하여 짓도록 되어 있는데, 예전에 지어진 주택들은 그렇지 못하다. 현재 주차장 면적이 없거나 충분히 확보하지 못하고 지은 집들이 재건축을 하고 나면 그나마 자동차들이 각자의 집 안에 주차를 할 수 있을 것이다. 재건축이 완료되기까지는 적어도 20년은 지나야 하지 않을까 생각된다.

그러나 각자의 집에 주차 공간이 있다고 하더라도 무단, 불법 주차가 줄어들려면 각자의 의식이 바뀌어야 한다. 규칙을 지키고 남에게 폐가 되지 않도록 행동하려는 의식으로 바뀌어야 할 것이다. 요즘 20~30대들은 기성세대에 비하면 해외 경험이 아주 많은 편이다. 해외 선진국을 직접 가 보기도 하고 여러 방면으로 그들의 행동 양식들을 직간접적으로 경험을 했다. 그들 선진국과 비교해 보았을 때, 주차 공간 부족이 되었든, 주차에 대한 습관이 되었든 간에 분명 우리나라의 주차 습관은 문제가 있다고 느꼈을 것이다. 문제가 무언가를 알아차렸다는 것은 반드시 그 문제를 바꿀 수 있다는 것이다. 지금의 20~30대가 20년이 지나면 이 나라를 이끌고 갈 주역이 될 것이다. 그때쯤 되면 주차에 대한 질서 의식과 습관이 선진국 수준으로 많이 바뀔 것으로 믿는다. 결국 현재 주택들이 20년 후 재건축되고 또 20~30대가 한국의 주역이 되는 2040년쯤 되면 현재 우리나라 길거리도 정리 정돈이 잘되어 있지 않을까 기대한다.

세계 최고의 서비스 정신,
오모테나시(おもてなし)

오로지 진실된 마음으로 손님을 대접하는 행동과 그 마음
『一期一会』(일기일회, 이치고 이치에),
즉 손님을 대할 때는 인생에서 한 번뿐인 만남이라고 생각하여
정성을 다해 최고의 대접을 해야 한다.

2020년 올림픽 개최지를 결정하기 위해 2013년 IOC국제올림픽위원회 총회가 열렸다. 도쿄를 후보지로 내세운 일본의 프레젠테이션 차례가 돌아왔다. 아나운서 출신의 일본 여성이 강단에 올라와서 세계 각국의 올림픽 위원들에게 일본에 대해 소개하기 시작하였다. 그녀의 프레젠테이션은 이렇게 시작되었다.

"우리들은 여러분들을 특별히 성심성의껏 맞이하겠습니다.
일본어로 우리들은 이 말을 한마디로 표현할 수 있습니다.
오모테나시(お持て成し).
사심과 욕심 없이, 진심으로 상대를 환대한다는 깊은 뜻이
포함되어 있는 말입니다. 이 말은 우리들의 선조로부터 이어받아

현대 일본의 초근대적 문화까지 뿌리 깊게 박혀 있는 사상입니다."

2020년 노쿄올림픽 개최를 위해 최대한 일본에 대해 깊은 인상을 남기고 한마디로 표현할 수 있도록 고르고 고른 말이 '오모테나시(お持て成し)'일 것이다. 그러면 '오모테나시'라는 말은 무엇일까. 그리고 왜 이 말이 일본의 사상을 대표하는 말로서 표현되었을까. 결론부터 말하자면 오모테나시라는 말의 뜻은 정확하게 한국어로 표현할 수 있는 말은 없지만 '오로지 진실된 마음으로 손님을 대접하는 행동과 그 마음' 정도가 될 것이다.

알다시피 세계에서 가장 서비스 정신이 투철한 나라가 일본이다. '일본의 서비스는 세계 최고다' 또는 '일본인은 왜 그렇게 친절할까' 등 일본의 서비스와 친절에 대한 미담은 많이들 들어보았을 것이다. 일본의 서비스와 친절이 세계 최고가 된 배경이 바로 이 '오모테나시'에서 나오기 때문에 일본의 사상을 대표하는 말로서 표현되었던 것이다.

오모테나시에 대해 자세히 알아보자. 이 말의 사전적 뜻은 '손님에 대한 대접, 대우' 등으로 나와 있다. 일본인에게 오모테나시에 대해 물어보면, 그들도 항상 이 말을 사용하고 또 그 의미도 몸과 마음으로 느끼고 있지만, 한마디로 설명하기는 어려운 듯했다. 왜 이 말의 의미를 일본인조차도 설명하기가 어려울까. 그것은 바로 이 말은 행동뿐만 아니라 마음, 사상 등 눈에 보이지 않는 것들이 핵심 요소이기 때문이다.

그러면 어떤 것이 오모테나시인지 예를 들어 설명해 보면, 가장 쉽게 느낄 수 있는 곳이 온천 료칸(旅館, 여관)일 것이다. 일본의 온천 료칸은 아직까지도 일본의 전통적인 서비스가 많이 남아 있는 곳 중의 하나이다. 료칸에 도착하면 기모노를 입은 여성이 꿇어 앉아 방문을 열고 들어와서는 또다시 꿇어앉아 차를 따라 주며 인사와 료칸에 대한 간단한 설명 등을 한다. 또 식사는 보통 방에 차려지는데 온천 후 몇 시쯤 하실 건지 등을 세심하게 물어본다. 식사가 끝나면 상을 치워 주고 이불을 깔아 주는 등 손님이 머무는 동안 정성을 다하여 접대를 한다. 료칸에서는 예의 바른 서비스의 극치를 볼 수 있다.

한번은 도쿄 근교에 있는 하코네(箱根)라는 온천지역의 어느 료칸에 어머니와 머문 적이 있다. 짐을 풀고 녹차로 한숨 돌린 후 근처 마을을 보기 위해 료칸을 나와 가볍게 산책을 나갔다. 날씨가 그다지 좋지 않았지만 가볍게 돌고 와서 온천탕에 들어갈 요량이었다. 한 20분 정도 돌아다니는데 부슬부슬 비가 내리는 것이다. 그다지 많은 비는 아니었다. 이러다가 더 많은 비로 바뀌면 어쩌나 하고 걱정하고 있는 참에 승합차 한 대가 옆으로 와서 서는 것이었다. 차량에 쓰인 글씨를 보니 우리가 머무는 그 료칸에서 운영하는 차량이었다. 운전수가 내리더니 우산 두 개를 건네주는 것이었다. 그가 말하기를 비가 내리기 시작해서 걱정을 했단다. 그래서 우산을 가지고 우리를 찾아왔다는 것이다. 천천히 구경하고 혹시 비가 많이 내리면 전화를 달라고 했다. 다시 차를 가지고 오겠다는 말과 함께 차를 몰고 돌아갔다. 생각지도 못한 배려에 고맙다는 말을 다 전하지도 못했는데 그는 아무 일도 없었다는 듯 돌아갔다. 정말 고맙다는 것 그 이상의 뭔가가 느껴지는 것이었다. 이것이 바로 '오모테나시'이다. 이것은 서비스라는 개념과는 차원이 다른 것이다. 서비스는 고객에 대한 기본 중의 기본 행위이고, 오모테나시는 그것에 더해 상대방이 생각하지도 못한 섬세한 부분까지 마음을 쓰는 것이라 할 수 있다.

 료칸은 일본의 전통이 많이 남아 이어지고 있는 곳이라 오모테나시를 많이 느낄 수 있고, 그 이외에도 일본의 서비스 정신 안에 많이 느낄 수 있다. 일본 유학 시절 아침에 주로 동네 빵집에 들러 갓 구운 빵 몇 개를 사 들고 학교를 가곤 했다. 빵 가게뿐만 아니라 일본 어느 가게를 들어가도 가게 주인은 '이랏샤이마세(いらっしゃいませ, 어서오세요)' 하며 인사하고, 계산하고 나갈 때는 '아리가토고자이마시타(ありがとうございました, 감사합니다)'로 인사를 하는 것이 보통이다. 그런데 내가 다녔던 그 빵집 주인은 계산하고 돌아서면 '잇데이랏샤이(いっていらっしゃい, 다녀오세요)'라고 웃으며 인사하는 것이다. 형식적인 '감사합니다'보다 뭔가 나에게 신경을 써 주는 듯한 뉘앙스인 '다녀오세요'라고 함으로써 가족적인 분위기를 느낄 수 있었다. 섬세한 차이지만 진심에서 우러나오는 말 한마디, 즉 오모테나시로 손님을 배웅하는 것이다. 가끔 저녁에 돌아올 때도 그 빵집에 들러 빵을 사곤 했다.

  그러면 일본의 서비스 정신을 세계 최고로 올려놓은 오모테나시는 어디서부터 왔을까. 우리나라에도 예로부터 손님에 대한 대접은 소홀히 하지 않았기에 같은 동양 문화권인 일본에서도 오모테나시가 그들 선조로부터 이어 온 것이라고 할 수 있다. 이러한 사상이 이어져 오는 과정에서 이론적으로 발달하거나 문헌으로 남겨 둔 것들 중 원류를 찾는다면 대부분 다도(茶道) 문화에서 찾을 수 있다. 다도는 대표적인 일본 전통문화 중의 하나이며, 단순히 차를 마시는 것이 아니라 다도를 통해 마음의 수양을 쌓는 것으로 여겼다.

차실 내부[4]와 외부[5]

4 이미지 출처: https://www.pakutaso.com/
5 이미지 출처: https://www.photo-ac.com/ - ZenGO(22696925)

센노리큐(千利休) 동상[6]

    일본 다도 문화에 큰 획을 그은 사람이자 와비차(わび茶, 서원의 호화로운 다도가 아닌 좁은 방에서 간소하게 행해지는 다도)를 계승하고 완성한 것으로 알려진 센노리큐(千利休, 1522-1591)는 차를 끓여 손님을 대접함에 있어서 7가지의 마음가짐(利休七則)을 정리하였다. 그 내용은 첫째, 차의 온도는 손님이 마시기 좋도록 하며, 둘째, 숯불은 찻물이 끓을 정도로 유지해 두며, 셋째, 차실의 꽃꽂이는 자연에 있는 것처럼 해 둔다. 그리고 넷째, 차실의 온도는 여름은 시원하게 겨울은 따뜻하게 해 두고, 다섯째, 약속 시간보다 조금 빨리 준비해 두며, 여섯째, 비

---

6   이미지 출처: https://www.photo-ac.com/ - ヨコちゃんさん(24933382)

가 오지 않더라도 우산을 준비해 두며, 일곱째, 손님의 마음을 헤아려야 한다는 것이다. 이렇듯 7가지의 가르침에서는 손님을 위해 성심성의껏 만전의 준비를 해서 손님이 기분 좋게 차를 즐기도록 해야 한다는 것을 가르치고 있으며, 그 핵심은 이러한 마음가짐을 갖는 주인의 자세이다.

또한 센노리큐(千利休)의 수제자인 야마노우에 소지(山上宗二, 1544-1590)는 그의 저서에서 차를 끓이는 자의 각오로 '一期一会(일기일회)', 즉 손님을 대할 때는 인생에서 한 번뿐인 만남이라고 생각하여 정성을 다해 최고의 대접을 해야 한다는 점을 매우 중요시하고 있다. 이러한 소중한 만남을 위해 주인은 차를 끓이는 일뿐만 아니라 차 도구, 꽃꽂이, 족자, 방의 온도 등 모든 것을 세심하게 준비하여 손님을 맞이해야 한다는 것이다.

이러한 다도에서의 사상들이 오모테나시의 근간을 이루는 중요한 요소로 작용하여 이어져 내려왔다고 볼 수 있다. 이러한 오모테나시는 근현대 상거래에서 가장 핵심이고 기본이 되는 일본인들의 사상이 되었다. 오모테나시를 바탕으로 한 일본의 서비스 정신은 어느 누가 보더라도 세계 최고 수준인 것이다.

오모테나시는 우선 주인이 마음의 여유가 있어야지 손님들에게 질 높은 수준의 서비스를 제공할 수 있는 것이다. 단지 물건만 팔려는 생각에 예의 바른 서비스를 한다면 그것은 오모테나시에서 마음을 뺀, 껍데기인 '서비스'라는 행위만을 하는 것이 된다. 게다가 오모테나시가 완성되려면 주인이 손님을 배려하는

데 있어서 무언가를 바라는 마음이 있어서는 절대 안 된다. 사심 없고 욕심 없는 마음이 있어야지 오모테나시가 완성되는 것이다. 외국에서는 봉사에 대한 팁 문화가 있지만 일본에서는 손님을 위한 봉사는 오모테나시를 기본으로 하고 있고 오모테나시는 무언가를 바라서 하는 것이 아니기에 팁 문화가 없는 것이다.

  오모테나시의 예를 다른 각도에서 한번 찾아 보자. 일본에는 물건을 포장하는 포장술이 잘 발달되어 있다. 좀 고급스러운 과자의 경우 과자의 모양이 바뀌는 것을 방지하기 위해 과자 하나 하나를 각각 딱딱한 마분지 같은 틀 안에 넣고 그것을 또 한지 같은 예쁜 포장지로 포장을 하고 각각 리본 끈으로 묶는다. 게다가 각각의 과자 안에는 과자점의 유래라든지 자랑거리를 설명해 놓은 설명서를 넣어 두어 과자 한 개 한 개에 정성을 들였다는 의미가 담겨 있게 해 두었다. 그리고 그 각각의 과자들을 하나의 상자에 넣어 예쁘게 포장해서 판매한다. 다도에서 차를 대접하기 위해 차실의 분위기를 연출하는 것과 같은 맥락으로, 이러한 포장 자체가 손님을 위한 오모테나시인 것이다. 고객들이 과자의 포장을 통해 기대 이상의 느낌을 받도록 눈에 보이지 않는 정성을 기울인 것이다. 가끔은 일본의 포장술에 혀를 내두르기도 하고 한편으로는 낭비 아닌가라는 생각도 한다. 그러나 단지 상술이라고 생각하기보다 손님을 맞이하기 위한 과자점 주인의 세심한 준비라고 생각하면 '대접받고 있구나'라는 생각이 들 것 같다.

　오모테나시를 기본 바탕으로 하여 발전한 현재의 일본 서비스 정신은 식당, 상점은 물론이거니와 일반 기업체 등 모든 업종에서 최고라는 찬사를 듣고 있다. 일본 국민들이 친절하다는 점은 많이 느끼고 또 들어 왔을 것이다. 하루아침에 그들의 행동이 친절하게 바뀐 것이 아니라 오랜 세월 이러한 오모테나시의 기본 사상을 이어 오는 가운데 자연스럽게 몸에 밴 것이다. 물론 그렇지 않은 사람도 더러 있을 것이다. 마음보다는 얼굴 표정, 몸동작, 일상적인 표현 등이 앞서는 경우도 있고, 좀 더 나가 가식적으로 비추어질 경우도 있겠지만 그래도 불친절한 대우를 받아 마음 상하는 것보다는 가식적일지라도 친절한 것이 백배 나을 것이다. 옛날에 비해 요즘은 다들 마음의 여유가 별로 없이 바쁘게 살아가기 때문에 이런 환경에 맞추어 오모테나시를 나타내는 행위, 즉 서비스도 그것에 맞게 양식화, 획일화되어 하나의 규격품이 되어 있다. 변두리에 있는 식당이나 상점을 가 보아도 일본의 서비스는 모두 똑같이 느껴진다. 그래서 대단한 것이다. 내가 일본에 있었을 때나 일본 출장을 왔다 갔다 하면서 지금까지 음식점이나 상점에서 서비스 때문에 기분 나빴던 적은 없었던 것 같다. 백화점이나 호텔 같은 경우에는 그 업종이 서비스업이라 어느 나라든지 비슷하지만 그 이외의 곳은 각국마다 많은 차이가 있을 수 있다. 서비스 행위 자체가 비슷하더라도 서비스 정신만큼은 각국마다 많은 차이가 있을 것이다. 일본의 서비스 정신에 대해 우리뿐만 아니라 글로벌에서도 인정을 받는다는 것은 그만큼 그 차별성이 있다는 것이다.

동서고금을 막론하고 손님 대접을 소홀히 했던 나라는 없었을 것이다. 그러나 그러한 정신이 현재까지 이어 오는 과정에서 각국마다 다소 차이는 있었을 것이고 또 시대적 요구와 경제발전 상황에 따라 많은 변화가 있었을 것이다. 분명한 것은 현재 일본의 서비스는 규격화된 예의 바른 행위로 나타났지만 그 바탕에는 오모테나시라는 사상이 뿌리 깊게 박혀 있다는 점이다.

얼마 전에 강원도로 가족여행을 다녀왔다. 어느 곳이나 마찬가지지만 관광지를 다니다 보면 특산물 파는 곳들이 많이 있다. 군데군데 동계올림픽 유치를 축하하는 현수막도 눈에 띄었다. 우리는 이미 1988년에 서울올림픽을 한 번 개최해 본 나라라는 자부심도 있고 또 다시 동계올림픽을 유치했다는 점에서 한층 더 자부심이 느껴졌다. 내가 방문한 그곳에도 특산물 파는 집이 군데군데 있었고 각 점포마다 특산물과 자기 집을 홍보하는 문구들이 적혀 있었다. 그중 한 집에 들어가서 구경했다. 그 점포에는 손님은 없었고 주인인 듯한 사람이 우리를 맞이했는데 그다지 적극적이지는 않았다. 손님도 없고 주인장도 그다지 적극적이지 않아서 잠깐 둘러보고는 잘 보았다는 인사를 하고 나왔는데, 주인장은 아무 응대도 없이 그다지 탐탁지 않은 표정이었다. 적극적인 서비스 마인드가 없는 것에 조금 안타까웠다. 일본의 많은 상점에서는 주인이나 점원은 밝게 웃으며 '감사합니

다. 또 오세요'라고 인사한다. 규격화된 서비스 인사이지만 손님 입장에서는 기분이 좋은 것이다. 아직까지 옛 전통이 많이 남아 있는 교토에 가면 그쪽 지역 사람들은 상점에서 아무것도 사지 않고 나올 때는 '오야카마시상데시타(おやかましさんでした)'라고 인사하며 나온다. 즉 그대로 해석하면 '시끄러운 손님이었습니다'라는 뜻으로 아무것도 사지 않고 번거롭게만 해서 죄송스럽다는 마음이 포함되어 있다. 그러면 상점주인은 '칸닌시테오쿠레야스(堪忍しておくれやす)'라고 인사하며 배웅한다. 칸닌(堪忍)이란 뜻은 '(분함을)참고 견딤'이란 뜻으로, 손님의 마음에 드는 상품을 준비하지 못해 분하지만 참고 견디며 배웅한다는 의미이다. 즉 '저희 상점까지 어렵게 발걸음을 하셨는데 손님의 마음에 드는 상품을 준비하지 못해서 정말 죄송합니다. 다음에 한 번 더 손님께 상품을 보여 드릴 기회를 주십시오'라는 마음의 뜻이 포함되어 있는 말이다. 손님을 一期一会(일기일회) 정신으로 보아 그 기회를 살리지 못한 것에 대한 죄송스러운 마음을 함축한 인사말이다. 이런 사상이 기초가 되니 최고 서비스로 칭찬받을 수밖에 없지 않은가. 반론의 여지가 없는 것 같다.

　우리나라에서도 요즘은 기업마다 서비스가 경쟁력이라 앞다퉈 직원 서비스 교육에 열을 올리고 있다. 따라서 호텔이나 글로벌 기업 등의 고객 서비스는 최고 수준이다. 그것이 오모테나시와 같은 사상에 입각한 서비스이건 서비스 행위 자체만을 나타내는 것이건 그 수준 자체는 매우 높아졌다. 그러나 그 이외의 일반 상점이나 식당 또는 지방으로 가면 그 서비스 자체는 현격히 차이가 난다. 눈살을 찌푸리게 하는 서비스 자세, 상시적으로 이해가 안 되는 말투, 손님을 따라다니며 구매 부담을 주는 자세 등 우리가 바꿔 나가야 할 것이 여전히 많은 것 같다. 눈에 보이는 서비스 행위 자체는 서비스 교육을 통해 시간이 가면 많이 바뀔 수 있는 부분이다. 그러나 손님에 대한 서비스를 왜 해야 하는지에 대한 원론적인 물음에는 답을 내놓을 수 없을 뿐만 아니라 근본적인 문제는 해결될 수가 없다. 분명 우리나라도 손님을 대하는 근본 사상이 있었다. 그 근본 사상도 현재까지 내려오는 가운데 많은 변화가 있었을 것이다. 눈에 보이는 경제발전도 중요하지만 그 위상에 맞는 의식도 함께 성장되어야 한다. 우리의 서비스 정신도 세계 최고 수준으로 올라갈 수 있도록 주인과 손님, 각자가 자기 위치에서 더욱 노력해야 할 것이다. 상점 주인은 주인대로, 손님은 손님대로 서비스를 주고받을 만한 의식이 고쳐되어야만 할 것이다.

혼네(本音)와
타테마에(建前)

**에티켓과 배려, 즉 상대방의 기분까지 생각해서 표현하는 것이
일본인의 타테마에(建前)라고 할 수 있다.
일본의 문화, 표현 방식, 행동 양식으로 이해해야 한다.**

　일본인의 특징을 말할 때 흔히 혼네(本音)와 타테마에(建前)를 주로 얘기하곤 한다. 혼네(本音)는 즉 본심, 속마음이다. 타테마에(建前)는 혼네(本音)와 반대되는 개념으로 겉으로 보여주는 행동이나 겉치레 정도가 된다. 일반적으로 일본인들은 상대방을 대할 때 이런 혼네를 잘 드러내지 않는다. 타테마에는 어찌 보면 상대를 대하는 하나의 매너처럼 자리 잡고 있다.
　우리는 이러한 일본인의 혼네와 타테마에를 두고, '솔직하지 못하다', 또는 '앞에서는 이렇게 얘기를 하고 나중에 뒤통수를 친다', 급기야 '(절대 속내를 드러내지 않아) 음흉하다'고까지 생각한다. 일본인들은 왜 우리가 이런 생각을 갖도록 만들까. 정말 일본인들은 솔직하지 못하고 상대방의 뒤통수를 치는 음흉한

사람들일까.

　이 질문에 대해 답을 찾기 이전에 이런 오해가 생기는 것은 자신의 문화를 중심으로 상내방과의 문회적 차이를 해석하기 때문이라고 볼 수 있다. 당연히 우리나라의 입장에서 보면 충분히 그렇게 생각할 수가 있다. 왜냐하면 우리는 일본인만큼 상대방을 '매우' 배려하면서 대하는 편은 아니기 때문이다. 일본인에 비하면 약간 직설적인 경향이 있다. 예를 들면, 어떤 사람이 아르바이트를 구하러 갔다고 하자.

　만약 가게 사장이 한국인이라면 아마도,

　'(구직자가 내민 이력서를 보고) 음… 생각해 보고 연락드릴게요', '만약에 뽑을 것 같으면 내일까지 연락드릴게요', '혹시 연락이 안 오면 안 된 것으로 아세요'라는 정도로 말할 것이다. 언제까지 연락을 준다든지 연락이 안 오면 안 된 것으로 알라든지 구직자에게 알려 주는 것이 일반적이다.

　그러나 가게 주인이 일본인이면

　'(구직자가 내민 이력서를 보며) ○○○ 경험도 있으시네요' 또는 '○○○ 자격증도 있으시네요' 라고 관심을 보이며, '스고이데스네(すごいですね; 대단하네요)'라고 칭찬을 한다. 그리고 구직자가 어떤 이야기를 하면, '소우데스까(そうですか; 그렇습니까)'를 연발하며 맞장구를 쳐서, 가게 주인이 구직자의 말을 열심히 경청하고 있다는 신호를 주기도 한다. 그러면서 가게 주인의 표정은 항상 밝고 웃음을 띠고 있기에 구직자는 더욱 확신을 하며 말을 이어 간다. 마지막으로 가게 주인은 '일부러 여기까지 오셔서 고맙다'는 인사와 함께 '생각해 보겠습니다(考えておきます)'라고 말하며 마무리를 할 것이다.

이런 상황에서 구직자는 어떤 생각이 들까. 구직자가 한국인이라면 아마도 일본인 가게에서는 '된 것 같다'라는 기대에 찰 것이다. 그러나 구직자가 일본인이라면 아마도 연락을 기대하지는 않을 것이다.

바로 여기에 한국과 일본의 문화적 차이가 있다. 우리는 '생각해 보겠다'고 했으니까 결정해서 알려 주겠지라고 생각하지만, 일본에서는 직접적으로 거절하는 단어를 잘 사용하지 않기 때문에 '생각해 보겠다'는 의미는 거절할 때 많이 사용하는 말이다. 상대방의 기분을 배려해서 이렇게 둘러서 말하는 것이 그들의 언어 습관이다. 항상 얼굴에는 미소를 띠며 분위기 좋게 이야기를 하기 때문에 한국인으로서는 충분히 오해할 수가 있다. 그렇기 때문에 한국인이 생각할 때는, 분위기 좋게 나가다가 뒤통수를 친다고 느낄 수 있고 또 정말 일본인의 본심을 모르겠다고 할 수도 있는 것이다. 따라서 일본인과의 대화에서는 이러한 의미를 잘 파악하며 이야기하는 것이 매우 중요하다.

우리도 인간관계에서 본인의 속내를 잘 드러내 놓지 않을 때가 있지 않은가. 특별한 경우를 제외하고는 일반적으로 대놓고 싫다든지 또는 단호하게 거절한다든지 하지는 않는다. 좀 난색을 표하든지 하면서 둘러서 표현을 하기도 한다. 우리의 일반적인 거절 표현에 좀 더 둘러서 그리고 상대방의 기분까지 생각해서 표현하는 것이 일본인의 타테마에(建前)라고 할 수 있다.

　우리도 우리의 표현 방식이 있듯이 일본도 그들의 표현 방식이 있는 것이다. 이것은 두 나라의 문화적 차이이고 서로의 문화를 존중하고 잘 이해를 해 나가야 한다. 우리가 그들의 표현에 오해를 할 수 있듯이 일본도 우리의 반응에 당황할 수도 있는 것이다. 때에 따라서는 좀 직설적으로 명확하게 표현할 필요도 있을 것이고 또는 좀 둘러서 상대방 기분을 배려해서 상대방이 스스로 알아차리도록 표현해야 할 경우도 있지 않을까. 일본뿐만 아니라 다른 외국과의 비즈니스나 문화교류에 있어서도 상대방의 문화, 표현 방식, 행동 양식 등을 좀 더 이해하려고 노력하는 자세가 필요하다.

전통을 이어 가는
쇼쿠닌(職人; 장인)이 많은 이유

코다와리(고집, 집착, 철학) 성향이 강하다.
전통을 중시하는 경향이 강하다.
일에 대해 보람을 찾으려는 마음가짐이 강하다.

　일본에는 장수 기업들이 매우 많이 있다. 도쿄상공리서치에 따르면 2023년 창업 100주년이 되는 노포기업은 4만 2,966개라고 한다.

　그중에서도 가장 오래된 기업은 오사카에 본사를 둔 곤고구미(金剛組)라는 목조건축회사로 서기 578년에 창업하여 2024년 현재 창업 1,446주년을 맞이하고 있다. 이 외에도 587년에 창업한 꽃꽂이와 다도(茶道)를 가르치는 이케노보(池坊), 705년에 창업한 케이운칸(慶雲館) 온천 등 창업한 지 1,000년이 넘은 기업이 일본 내에 9개나 존재하고 500년 이상 된 기업이 228개나 된다.

일본의 노포기업

창업 연수	기업 수(개)
1,000년 이상	9
500~999년	219
400~499년	247
300~399년	623
200~299년	869
100~199년	40,999
합계	42,966

주) 도쿄상공리서치(2023년)

　이에 반해 우리나라는 100년 넘는 기업은 17개로 손가락으로 셀 수 있을 정도이다.

　왜 이렇게 차이가 나는 것일까. 일본이나 한국이나 외세열강에 의한 개항, 세계대전 등 역사적으로도 비슷한 길을 걸어왔는데 일본은 기업의 맥이 이어져 와서 장수 기업이 넘쳐 나는 반면 우리는 손가락으로 꼽을 정도이다.

　이렇게 큰 차이가 나는 이유로는 의식에서 차이 나기 때문이라는 생각이 든다. 즉 일본인은 장인정신을 이어 가려는 마음가짐이 강하기 때문이다. 우리가 일본의 물건, 일본의 음식 등을 생각하면 '장인'이라는 이미지가 우선 느껴질 것이다. 스시를 하나 만들더라도 밥 짓는 것부터 해서 손으로 쥐기까지 온갖 정성을 기울이는 모습에서나 몇 대를 이어 오는 과자점 등을 보면서 장인이라는 이미지를 많이 느낄 수 있다.

'장인'이라는 말은 일본에서는 쇼쿠닌(職人)이라고 하는데, 왜 장인을 쇼쿠닌(職人)이라고 부를까. 즉 이 말은 한자 그대로 풀이하면 '일(職)을 가진 사람'이다. 일본인은 '일(職)을 가진 사람이면 그 일을 대함에 있어서 대충하는 것이 아니라 열정과 집념으로 꼼꼼히 해야 하는 것'이라고 생각하기에 우리가 말하는 장인과 같은 의미가 되는 것이다. 우리는 장인이라 하면, 어떤 일에 있어서 맥을 이어 오며 한 우물만 파서 그 일에 있어서는 전문가를 뛰어넘는 경지에 이른 사람을 그렇게 부른다. 일본에서는 일을 대할 때는 항상 쇼쿠닌(職人)의 마음 자세 또는 그 정신으로 일에 임하기 때문에 장인의 경지에 오른 사람들이 많은 것이다.

그러면 왜 일본인에게는 이러한 쇼쿠닌(職人)의 정신이 몸에 배어 왔을까. 우리나라는 예전부터 선비를 우대하고 농공상인을 천대하였지만 일본은 농공상인 중 공(工), 즉 기술을 가진 사람을 존중하는 전통이 있었기 때문이다. 실제 전국시대의 장수인 오다 노부나가(織田信長, 1534~1582), 도요토미 히데요시(豊臣秀吉, 1537~1598) 등은 칼의 명인, 차도의 명인 등 여러 장인은 물론 농공상인들을 우대해 왔고, 도쿠가와 이에야스(德川家康, 1542~1616) 시절에 와서는 직업의 귀천이 더욱 약해져 공인(工人)이나 상인(商人)이 많은 우대를 받아 왔다. 그러나 농공상인을 단지 우대하고 존중한다고만 해서 한 우물만 파는 장인이 되고 또 그 전통을 이어 나갈 수 있는 것은 아니다. 우리나라도 여러 분야에서 장인의 맥을 이어 나가도록 장려하고 지원하고 있지만 실제 후계자가 없어서 맥이 끊어지게 될 위기에 처한 기술도 많지 않은가.

그러면 일본인에게 쇼쿠닌의 정신이 몸에 배게 된 배경은 무엇일까. 첫 번째 배경은 바로 코다와리(こだわり, 拘り; 고집, 집착) 성향을 들 수 있다. 코다와리(拘り)라는 것은 '잡을 구(拘)'자에 그 의미가 나와 있듯이 '자기 자신의 마음가짐을 붙잡다'라는 뜻으로 해석된다. 즉 자신의 행동 중에서 다른 것은 모두 다 용납할 수 있어도 '이것만큼은 반드시 지킨다'는 자신만의 철학이라고 이해하면 된다. 예를 들면 '우리 식당의 코다와리는 홋카이도에서 잡히는 신선한 해산물만 사용한다'든지, '우리 제품의 코다와리는 생산량이 적더라도 불량률만큼은 제로(0)로 한다'든지 등 이러한 본인만의 고집스러운 집념이라고 보면 된다. 영화나 드라마에서 도공이 가마에서 구운 도자기를 꺼내서 마음에 들지 않는 도자기를 과감히 깨 버리는 것을 본 적이 있을 것인데, 그러한 도공의 마음이 바로 코다와리이다. 요리를 하든 물건을 만들든 간에 일을 대할 때는 항상 본인의 코다와리를 정해 놓고 끈기 있게 지켜 나가는 것이 일본 사회의 정서이다. 이러한 코다와리는 본인이 만든 제품이 천하제일이라는 자신감을 갖게 하고, 본인의 코다와리에 맞을 때까지 자기 자신의 기술을 끊임없이 연마하도록 만드는 원동력이 되는 것이다. 이것이 오늘날 와서는 기업 철학, 기업가 정신 등으로 발전하였다.

쇼쿠닌의 정신이 몸에 배게 된 두 번째 배경은 전통을 중시하는 경향이 강하기 때문이다. 일본은 전통과 현대가 절묘하게 조화를 잘 이루는 곳이다. 일본에서 아직까지 옛 전통을 강하게 고집하는 곳 중의 하나가 스모(相撲; 일본 씨름)이다.

스모 경기[7]와 경기장 도효[8]

스모 선수들의 머리모양을 보면 옛날 머리모양 그대로를 고집하고 있고, 아직까지 스모 경기장인 도효(土俵)는 여자가 들어갈 수 없는 성역으로 생각하고 있다. 스모선수들은 경기하기 전에 엄격한 격식을 갖춘 의식을 3번 한다. 옛날 제사에서 기원되었기에 그 의식은 매우 엄격하다. 스모의 기원은 정확하게 알려지지는 않았으나 8세기 초에 편찬된 『고사기(古史記)』와 『일

---

7 이미지 출처: https://unsplash.com/ko – Bob Fisher(@hkbobfsh)
8 이미지 출처: https://unsplash.com/ko – Florian Hahn(@whoisflo)

본서기(日本書紀)』에 있는 것으로 보아 대략 1,300년 이상 된 경기라고 볼 수 있다. 그렇게 오래전부터 내려오는 경기인데도 그 의식이나 스모선수들의 모양새 등은 시대에 따라 조금씩 바뀌어도 거의 대부분은 옛 전통 그대로를 지키며 이어져 오고 있다.

또한 기모노와 유카타(浴衣; 평상복으로 사용하는 전통 의상) 등 전통 옷의 생활화도 전통을 지켜 나가는 의식으로 볼 수 있다.

기모노(좌)[9], 유카타(중앙, 우)[10]

우리는 평소 결혼식이 아니면 길에서 한복 입은 사람을 자주 볼 기회가 없다. 최근에는 관광지에서 사진 찍기 위해 입는 경우도 있다. 그러나 일본은 일상생활에서 기모노를 입은 사람을 심심찮게 볼 수 있다. 물론 음식점이나 료칸(온천 여관) 등에서

9   이미지 출처: https://www.pakutaso.com/
10 이미지 출처: https://unsplash.com/ja - Victoriano Izquierdo(@victoriano)

는 많이 볼 수 있다. 그리고 유카타(浴衣)도 마찬가지로 온천에서 편하게 입는 옷, 마츠리(축제)나 불꽃놀이 등을 구경할 때 입는 옷 등으로 여전히 지금도 많이 입고 다닌다.

얼마 전 교토(京都)로 여행을 가서 기요미즈테라(清水寺)라는 유명 관광지를 들른 적이 있었다. 점심때가 되어 그 근처 텐동(天丼, 튀김덮밥)집에 들어가 식사를 했는데, 관광지 상점가 근처가 아니라 그냥 일반 주택가 근처여서 그런지 가격도 그다지 비싸지 않았다.

기요미즈테라 근처 텐동집과 옛날 전화기[11]

다 먹고 계산을 하는데 카운터에 검정색 다이얼식 옛날 전화기가 놓여 있었다. 1970년대 초중반에 일반 가정집에서 썼던 바로 그 전화기였다. 지금은 박물관에나 있을 법한 전화기가 놓여 있어서, 그냥 골동품을 장식용으로 놓아둔 모양이다 싶었다.

11 이미지 출처: https://www.pakutaso.com/

그런데 그 전화기로 전화를 받는 것이다. 깜짝 놀라서 주인장에게 이 전화기가 지금도 사용되느냐고 물어보았더니, 주인장은 웃으며 아직도 잘된다며, 자기 시아버지가 이 가게를 처음 시작하면서 사용하던 전화기라고 말해 주었다. 또 한 번 깜짝 놀랐다. 왜냐하면 지금 가게 주인인 남편의 나이를 보니 한 70세는 되는 것 같고, 그분의 아버지가 젊어서 창업을 한 식당이라고 하니 적어도 80년 정도는 충분히 된 식당이었다. 80년 정도를 이어 온 식당이라면 대문짝만하게 적어 홍보를 해도 될 만한데 그냥 아무렇지도 않은 듯 주택가에서 조용히 영업을 하고 있었다.

그들에게 전통이라는 것은 너무나 소중하기에 지켜 나가야 한다는 의식이 오랜 세월 자연스럽게 머릿속에 박힌 것 같다. 너무 당연한 사상이기에, 그들에게 '전통을 이어 간다'는 것은 이렇듯 아무렇지도 않게 일상생활 하듯 이어져 가는 것이다. 이제는 그들에게 전통을 의식적으로 이어 간다기보다는 일상생활이 된 것 같은 느낌이다.

쇼쿠닌의 정신이 몸에 배게 된 세 번째 이유로는, 일을 선택하는 가장 큰 배경으로 돈보다는 보람을 찾는 순수한 마음가짐이 좀 더 강하다는 점이다. 어떻게 보면 일본인에 대해 미화된 느낌 또는 일에 대한 이론적인 순수함이라고 생각할 수도 있겠지만, 일본인 중에서는 일에 대해 보람을 찾으려는 사람들이 좀 많은 분위기인 것 같다. 물론 사람 사는 세상이기에 돈을 좇아 일을 하는 사람들도 많지만, 실제 엄청난 열정과 한 우물을 파는 고집으로 보람을 찾아 일을 하는 사람들도 많이 있다. 우리가 배워 온 교육에서는 본인이 열정을 가질 수 있는 일, 보람을 찾을 수 있는 일을 찾는 것이 바람직하다고 하지만 말이 쉽지 실제 생활에서는 그렇게 하기 어려울 때가 많이 있다. 그러나 어느 나라에나 100명 중 1명이라도 보람을 찾아 일을 하는 사람은 반드시 있다. 일본은 그러한 사람이 좀 많게 느껴지더라는 것이다. 보람을 느끼지 않고는 일에 대한 열정을 찾을 수는 없다. 결국 장인정신이란 돈의 개념을 뛰어넘는 경지에 이르렀을 때 비로소 달성되는 것이니, 일본에 장인이 많다는 것은 돈보다는 일(職) 본연의 목적인 '보람'을 찾는 사람이 많다는 것과 일맥상통한다.

일본인에 쇼쿠닌의 정신이 몸에 배게 된 이유를 세 가지 정도로 들었지만 이외에도 쇼쿠닌이 되기까지 그들에게 영향을 미친 요소들은 많을 것이다. 그러나 최소한 이 세 가지는 가장 기본적인 이유가 될 것이고, 일본에 많은 장수 기업이 탄생하기까지 이런 이유들이 그 밑거름이 되었다는 사실은 부정하기 어렵다.

그러면 쇼쿠닌이 되었다고 해서 기업이 몇백 년간 이어져 내려올 수 있을까. 그렇지는 않다. 장수 기업의 첫 번째 조건이 쇼쿠닌이라면 두 번째 조건은 시대 변화에 적응을 잘해야 한다는 점이다.

이바센(伊場仙)

주) 이바센 홈페이지 https://www.ibasen.co.jp/

　일본 도쿄에 이바센(伊場仙)이라는 일본 전통 부채를 만드는 회사가 있다. 1590년에 설립되어 434년의 역사를 가진 회사이다. 400년 이상 부채만 만들었기에 장인 중에 장인이라고 칭해도 전혀 무리가 없지 않은가. 그런데 쇼쿠닌만 있고 시대 변화에 적응을 못했다면 아마도 400년 이상 이어져 올 수는 없었을 것이다. 왜냐하면 부채보다 훨씬 시원한 선풍기나 에어컨이 개발되었는데 누가 부채를 사겠는가. 그러나 이 회사는 400년 이상을 이어져 왔다. 그 이유는 바로 시대 변화에 조금씩 잘 적응을 해 왔기 때문이다.

　어느 잡지에 실린 이 회사 사장의 인터뷰 기사를 보면, '시대 변화에 적응하며 하루하루 해야 할 일을 해 온 결과가 400년이라는 역사를 만들었다'고 한다. 그는 선풍기와 에어컨에 맞서 부채의 고급화, 즉 촉감, 정밀함, 감각적인 디자인 그리고 2년 후 유행할 색상과 디자인 등을 신제품에 반영하면서 적응해 나갔다고 한다. 이렇게 시대에 맞춰 적응해 나가다 보니, 이번에는 시대가 에너지 절약을 요구하게 되었고, 이런 시대의 요구에 부합하게 되어 부채가 젊은 층 사이에 다시 인기를 끌게 되었다고 한다. 이렇듯 장수 기업이 시대에 적응하지 못하면 수백 년간 전통으로 내려오기가 쉽지 않은 것은 사실이다.

우리나라에도 예전에는 장인정신이 매우 뛰어났었다. 앞에서 이야기한 세계에서 가장 오래된 일본회사 곤고구미(金剛組)도 사실은 일본 쇼토쿠(聖德) 태자의 초청으로 일본에 건너간 곤고 시게스미(金剛重光; 금강중광, 한국명 유중광) 등 백제인 3명이 설립한 회사이다. 곤고구미는 우리가 잘 알고 있는, 현존하는 세계 최고(最古), 즉 가장 오래된 목조 건축물인 호류지(法隆寺; 법륭사)를 짓고 관리하는 회사이다.

호류지(法隆寺; 법륭사)

백제인 장인이 설립한 회사가 일본 내에서는 1,400년 넘게 이어져 올 수 있었는데, 정작 장인정신이 투철했던 우리나라에서는 100년 넘게 이어져 온 회사가 손가락에 꼽을 정도이니, 분명 우리나라에 어딘가가 부족한 부분이 있다는 점은 부정할 수 없을 것이다.

그러면 우리나라에 부족한 부분은 무엇일까. 코다와리와 같은 자기만의 고집 없이 그동안 시대의 변화에 너무 타협하지 않았는지, 새로운 것을 바쁘게 쫓아가기만 하지 않았는지 등 서로 간의 균형을 유지하지 못한 부분이라 할 수 있다. 전통을 잇는 사람뿐만 아니라 전통을 지켜봐 주는 사람이 함께 공존하는 사회적 풍토가 이루어져야지 전통이 이어져 내려가고 또 장수 기업도 나오게 되는 것이다. 시대가 변함에 따라 물건이나 의식도 조금씩 변해 가는 것인데, 옛것은 버리고 새것만 받아들이는 사회적 풍토로는 전통이 이어질 수 없다. 전통을 잇는 사람도 시대적 변화에 적응하도록 노력해야 할 것이며, 또한 전통을 지켜봐 주는 사람도 무조건 옛것을 버리고 새것만 받아들이려는 생각을 바꾸어야 할 것이다. 중요한 것은 전통을 지켜봐 주는 사람은, 전통이 이어질 수 있도록 사회적 풍토를 만들어 가는 것이고, 전통을 잇는 사람은 시대적 변화에 맞추어 조금씩 변화하더라도 본인의 고집, 즉 코다와리는 반드시 지켜 나감으로써 수백 년을 잇는 장수 기업이 탄생할 수 있는 것이다.

사소한 발명품에도
격려하는 문화

**제품 개발에 있어서 진행 단계를 중시하는 경향이 있다.
개발 단계에서 격려와 칭찬을 하는 소비자가 있기 때문에
중소기업들은 사소한 부분도 개선하려고 노력한다.**

　일본의 한 방송에서 발명품 대회까지는 아니지만 발명품을 소개하는 프로그램이 있었다. 일반인들이 나와서 자기가 발명한 상품, 또는 개량한 상품을 선보이는 프로그램이었는데, 어떤 상품은 아이디어가 괜찮다고 생각되기도 했고 또 한편으로는 정말 유치하고 웃음이 나오는 상품도 있었다. 이 프로그램이 웃기려는 코미디 프로인가라는 생각도 들게 한 그런 프로그램이었다. 예를 들면 일반 헬멧에 우산을 달아, 손에 드는 우산이 아닌 머리에 쓰는 우산이라고 소개하고, 이 상품의 장점은 양손이 다 편히 놀 수 있다고 소개하는 것이었다. 진행자도 웃고 방청객도 웃었던 적이 있었다. 보기만 해도 코미디 프로의 소품으로 등장할 만한 유치한 상품을 정말 진지하게 소개하는 발명가를

보며, 저분이 진짜 웃기려고 하는 것인지 진정으로 소개하는 것인지 감이 안 올 정도였다. 그런데 그 뒤로 소개되는 발명품들도 '지게 무슨 발명품?', '어른이 애들도 아니고 저런 걸 발명품이라 들고 나오냐?' 라고 생각될 정도로 유치했다.

그런데 한국에 와 있는 동안 문득 이런 생각이 들었다. 콜럼버스의 달걀은, 모두들 알고는 있었지만 달걀을 세울 수 있었던 사람은 없었다. 에디슨의 발명품들도 수백 번의 시행착오를 거쳤을 것이고 초창기에는 정말 유치했을 수도 있었을 것이다.

이렇게 생각하다 보니 일본의 신상품 발명 저력은, 유치하지만 이런 발명에서부터 시작했을 수 있겠구나 하는 생각이 들었다. 인류의 최고 발명품은 '문자'라고 한다. 문자의 발명으로 조상이 개발하고 발명한 것을 다음 세대에 글로써 전달할 수 있기 때문에 후손은 조상이 개발한 그다음부터 이어서 개발할 수 있다. 이러한 맥락으로 누군가가 유치하지만 헬멧 우산을 발명했고 그다음 누군가는 그 유치한 헬멧 우산에서부터 시작하면 되니 발명의 연속이 이어져서 신상품이 나올 수 있겠구나라는 생각이 들었다.

매일 아침 6시에 시작하는 NHK 아침 뉴스를 보면, 뉴스 중간에 날씨 코너, 스포츠 코너, 연예인 코너 등이 있는데 그중에서 〈마치카도 정보실(まちかど情報室)〉이라는 신상품 소개 코너가 있다. 우리말로 번역을 하면 '길거리 정보실' 정도로 해석되는데, 이 코너에서는 중소기업들이 개발한 다양한 생활용 아이

디어 상품을 소개하고 있다. 거창한 발명품이 아니라 우리들이 실제 생활하면서 '이런 것이 있었으면 좋겠는데'라고 느꼈던 것 또는 '맞아, 나도 저게 불편했었어'라고 공감할 수 있는 그런 상품들 소개하는 코너이다. 그날그날의 테마에 맞는 신상품 세 가지를 소개하는데 예를 들면 테마가 청소라고 하면, 장갑처럼 끼고 설거지할 수 있는 수세미장갑, 안쪽과 바깥 유리를 동시에 닦을 수 있는 유리창닦이 도구, 청소기 끝부분이 자유로이 구부러져서 좁은 틈도 청소할 수 있는 청소기 등을 소개한다. 가끔은 필요 이상의 아이디어 제품도 소개되어 '과연 저런 상품을 일부러 돈 주고 사는 사람이 있을까'라는 의구심도 들지만, 아무튼 일본 중소기업에서 활발하게 아이디어 상품을 개발하고 있다는 점에서는 매우 본받을 점이라 생각된다. 일본 사회의 전반적인 분위기가 아무리 사소한 아이디어 상품이라도 권장하고 격려하는 분위기인 것은 사실이다.

  사소한 아이디어 상품을 받아들이는 데 있어서도 한국과 일본의 소비자는 차이가 난다. 예를 들면 수세미장갑이 있다고 하자. 그러면 일본 소비자는 '신상품인데 한번 써 보는 것도 좋을 것 같네'라는 생각이 많은 반면, 한국 소비자는 아마도 '그냥 일반 수세미로 빨리 설거지하면 되지, 장갑을 끼고 벗고 하는 게 더 귀찮겠다'라고 할 것이다. 또한 양면 동시 유리창닦이도구에 대해서는 아마도 '안에 닦고 바깥에 가서 또 닦으면 되지'라고 생각할 수도 있을 것 같다. 이렇게 생각하는 것이 나쁘다는 것은 아니다. 그 나라 국민성에 맞게 아이디어 상품이 개발되도록 하는 것도 그 나라 소비자의 몫이기 때문이다. 그러나 중소기업에서 하찮은 아이디어 상품이라도 개발을 권장하고 격려하는 사회 구조가 되었으면 하는 것이 바람이다. 일본은 NHK의 〈마치카도 정보실〉처럼 아이디어 상품이나 발명품을 소개하는 프로그램이 한국보다는 많이 있는 것 같다.

어떻게 보면 일본은 신상품을 발명하는 단계도 중요시하듯 한 단계 한 단계 상품이 발전하는 모습에 소비자들이 격려를 보낸다. 반면 한국의 소비자들은 한 단계 한 단계 발전하는 모습보다는 최종 단계의 신상품에 대해 평가를 내리는 데 중점을 두고 있다. 이것이 두 나라의 차이이다. 예를 들어 어린이 식판이 있다고 하자. 어린이들이 식사 중 분주해서 실수로 식판을 친다든가 해서 국이든 음식물이든 쏟을 우려가 있다는 점에 착안하여 이 식판에 테이블과 고정시킬 수 있도록 집게를 달았다면, 일본 소비자는 매우 편리하고 좋은 아이디어라고 평가할 것이다. 또 집게를 단 식판에서 어린이 가슴 쪽 부분 식판을 좀 넓게 하여 어린이들이 밥 먹다 흘리는 것을 방지할 수 있도록 개선해서 내놓으면 그 또한 세심한 배려라고 생각해서 일본 소비자들은 좋은 평가를 내린다. 또 전체 식판 틀을 고정시킨 상태에서 안쪽 식판만 탈부착되도록 하는 상품을 추가로 개선했어도 매우 좋은 상품으로 인정받을 수 있을 것이다. 사람들의 심리가 그렇듯, 한 단계 한 단계에서 격려와 칭찬을 하는 소비자가 있기 때문에 중소기업들은 더욱 신이 나서 사소한 부분도 개선하려고 머리를 짜내고 하는 것이다.

반면 한국은 단계별 평가보다는 일단은 최종 단계 상품에서 평가를 내리려는, 즉 단계보다는 최종 결과를 좀 더 중시하는 것 같다. '한 단계 한 단계 개발은 본인(중소기업) 스스로 인내를 하며 뼈를 깎는 노력을 해라. 뭘 그리 호들갑을 떠나?'라고 생각하는 것 같다. 그래서 최종 결과는 어떤 상품인가, 그 상품의 시장성 즉 소비자들에게 잘 팔릴 것인가 등이 중요시된다. 이렇듯 중소기업이 최종 단계 상품을 개발해서 시장에 내놓으려면 얼마나 많은 연구 개발 시간과 경제력이 있어야 하는가. 경제력이 안 되어 그 시간을 견디지 못하면 사라지는 것이고 최종 상품을 개발했다 해도 시장성이 없으면 또한 사라지는 것이다.

중소기업의 상품 개발을 예로 들어 극단적으로 이야기했지만, 한국은 결과를 좀 더 중시하고 일본은 진행 단계를 좀 더 중시하는 경향이 있는 것은 두 나라의 확실한 차이인 것 같다. 어떤 성향이 옳고 그르다는 것이 아니라 한국의 중소기업이 발전하기 위해 일본의 단계를 중시하는 그러한 성향을 참조해서 한국식으로 바꾸어 나간다면 좀 더 낫지 않을까 생각된다. 최종결과도 중요하지만 발전 단계도 좀 더 중시하여 격려하는 모습을 보이는 것은 결국 소비자들의 몫이라는 점을 알아야 한다.

매뉴얼화된 일본

**목표 달성을 위해 발생할 수 있는 많은 문제점을
세분화하여 대응체계를 매뉴얼화한다.
허점을 토대로 매뉴얼을 보완해 나가며,
기록하고 검증하고 보완하는 작업을 지속적으로 해 나간다.**

　일본 사회는 모든 것이 매뉴얼화되어 있다. 지금 현재의 일본처럼 되기 위해, 모든 일 처리 하나하나를 꼼꼼히 규정화해서 적어 놓는다면, 과연 얼마나 두꺼운 매뉴얼을 만들어야 할까 상상이 안 갈 정도이다. 또 일본인들이 그렇게 철두철미하게 매뉴얼을 잘 따라 하고 지키는 것을 보면 정말 순진하다고까지 느껴진다. 매뉴얼은 일을 처리함에 있어서 규칙을 적어 놓은 설명서라고 보면 되는데, 모든 일, 모든 행동 등을 세분화해서 대응방법을 만들어 놓았다. 이런 매뉴얼을 보면 느껴지는 것이 정말 대단하기도 하고 또 한편으로는 정말 무섭다는 생각이 든다. 왜냐하면 발생할 수 있는 모든 시나리오를 생각해 내서 그것에 대해 어떻게 대응하는지까지 꼼꼼히 적어 놓은 것이라 그 양이 대단할 것 같기 때문이다. 사소한 것까지 행동 규칙을 정해 놓은 것을 보면 일본인 특유의 꼼꼼함과 근면함을 느낄 수 있다. 어찌 보면 저런 사소한 것은 현장에서 부딪히며 담당자가 처리하면 될 것 같은 것까지도 매뉴얼로 작성해 놓을 정도다.

그리고 무섭다고 느껴지는 것은 매뉴얼대로 철저하게 지켜 나가는 일본인의 성격이다. 예를 들어 어떤 일이나 사안에 대해 매뉴얼이 정해져 있다고 하면, 한 사람, 한 팀, 한 조직 등 각 부문별로 주위 환경에 상관없이 한 단계 한 단계 매뉴얼대로 진행해 나가는 것이 마치 기계화된 것처럼 느껴질 정도다. 대외관계에서도 마찬가지로 장기적인 최종 목표를 정해 놓고, 그 목표를 달성하기까지 발생할 수 있는 많은 문제점을 시나리오로 세분화하여 각 시나리오에 맞는 대응체계를 매뉴얼화하여 진행시킨다. 따라서 시간과 환경이 변화되면서 문제점이 발생하더라도 그 문제점은 그들이 예상한 시나리오 안에 대부분 있기 때문에 그것에 대한 대응은 대응대로 진행되는 동시에 그들이 정한 목표는 매뉴얼대로 착착 이루어져 가는 모습을 보인다. 가장 좋은 예로 한국과 갈등을 빚고 있는 독도 문제에 대해 대응하고 있는 일본의 모습을 보면 된다. 시마네현이 2005년 독도의 날을 제정할 당시에는 지방의 작은 행사로 여겨졌다. 그에 맞게 우리도 조용한 외교로 대응하였다. 그러나 2013년 어느새 중앙정부 관계자도 참석하는 큰 행사로 발전한 느낌이다. 여기까지 오는 동안 우리도 우리 나름대로 열심히 대응하였지만, 어떻게 보면 그들이 정한 목표대로 독도 문제가 예전보다 더욱 큰 이슈로 발전하였다. 최종 목표를 위한 진행 단계에서의 다양한 행동이나 대응 자세도 시나리오대로 진행하고, 또 단계별 목표나 최종 목표 달성을 위한 진행도 매뉴얼대로 착착 진행되어 나가는 모습을 볼 수 있다. 매뉴얼화의 무서운 모습을 볼 수 있는 한 단면인 것이다.

그러나 이러한 매뉴얼화에는 만일 매뉴얼에 없는 일이 발생하면 아무것도 할 수 없다는 단점도 있다. 아무리 다양한 시나리오로 매뉴얼을 만들어 놓아도 정말 생각지 못한 일이 발생하기도 한다. 2011년 3월 발생한 동북대지진 때 세계 각국에서 대재난을 당한 일본에 식료품과 비상물자들을 보냈지만 일본 정부가 '관련 매뉴얼이 없다'는 이유로 전달이 늦어지거나 순조롭지 못한 일이 있었다. 그래서 미군이 직접 이재민에게 구호물품을 전달한 일도 있었다.

또 당시 회자되었던 매뉴얼에 대한 기사를 보면, 바닷물에 떠내려온 자동차가 어느 한 지방 초등학교 정문 앞을 가로막고 있어서 대피소로 사용하고 있는 초등학교에 중장비나 지원 차량이 들어갈 수 없는 상황이 벌어졌다. 우리나라 같으면 이런 비상상황에 그냥 쉽게 치웠을 것인데, 일본은 매뉴얼에 없다는 이유로 손을 못 쓰고 있다는 것이다. 우리가 보기에는 정말 어이없는 일이다. 당장 급한 것은 굶주린 사람에게 구호물자를 전달하는 일이기 때문에 초등학교 정문을 가로막고 있는 차량을 치우는 일은 일도 아니었을 것이다. 그러나 매뉴얼에 없으면 어떻게 할 수가 없다는 것이 아주 우스운 일이다. 완벽한 매뉴얼화에 허점을 찾기란 매우 어려울 것이라고 여겨졌지만 생각지도 못한 가까운 곳에서 오히려 허점이 발견되는 꼴이다.

그러나 이런 간단한 허점을 보고 웃을 일은 아니다. 왜냐하면 일본인은 또다시 그 허점을 토대로 매뉴얼을 보완해 나갈 것이기 때문이다. 일본인은 그들의 특기인 기록하고 검증하고 보완하는 작업을 지속적으로 해 나갈 것이다.

얼마 전 내가 이러한 일본의 매뉴얼화로 답답한 일을 겪었다. 지인의 부탁으로 일본의 모 대학교에서 졸업증명서를 발급받기 위해 학적과와 통화했던 적이 있었다. 한국에서 발급 신청을 해서 국제우편으로 받고 싶다고 하니까, 발급 수수료를 보내 주면 확인해서 발급해 주겠다고 담당자가 얘기했다. 그래서 계좌번호를 불러 달라고 하니까 수수료 받을 계좌가 없고 현금으로 보내 주면 받고 나서 발급해 주겠다고 했다. 급한 것이라고 사정을 했다. 봉투에 수수료를 넣어 보내면 최소 3일은 걸릴 것이고 그것을 받은 후 발급해서 보내면 또 시간이 걸려, 졸업증명서 받는 데 걸리는 시간은 일주일도 더 걸릴 것 같았다. 다른 방법을 좀 생각해 달라고 사정을 했다. 그러니 돌아온 대답은, 원칙은 학교에 와서 자동판매기에서 인지를 사서 신청해야 하나, 인지를 사서 붙이는 것은 학적과 직원이 대신 해 줄 테니 수수료를 현금으로 보내라는 말만 반복한다. 시간이 없어서 그러니 수수료를 송금할 수 있도록 아무 계좌나 좀 알려 달라고 한 번 더 사정을 해 보았다. 돌아온 내답은 사정은 잘 이해되지만 송금받을 계좌가 없다는 대답뿐이었다. 그러니 현금을 송금하라는 말만 반복하는 것이다.

 우리가 생각하기에는 일본 국내도 아니고 해외에서 증명서를 신청하는데 사정을 좀 이해해 주면 안 되나, 또는 수수료가 얼마 되지 않아 우선 직원 개인 계좌로 받아서 처리해 주면 될 텐데라고 생각할 수 있지만 이 또한 어려운 것이다. 왜냐하면 매뉴얼에 없기 때문이다. 매뉴얼에 없기 때문에 사정은 알겠지만 간단한 것도 처리를 해 줄 수가 없다는 말이다. 한편으로는 너무 답답하고 융통성이 없는 것 아닌가라는 생각이 들기도 하고 또 한편으로는 이것이 그들이 지키는 규정이라 그 규정에서 벗어나는 것을 매우 싫어하기에 그들의 규정에 맞춰 나가야 한다는 생각도 들었다. 그들 규정에 맞춰 나갔을 때는 일이 매우 순조롭게 진행되는 것이다.

 분명히 일본은 10년이 가도 100년이 가도 매뉴얼로 움직이는 것은 변하지 않을 것이고, 생각지 못했던 시나리오에 대해서는 계속 보완해 나갈 것이다. 거의 완벽에 가까울 정도로 모든 행동 양식을 매뉴얼화해 나갈 것이다. 그리고 그 매뉴얼에서 벗어나지 않고 철저히 지켜 나갈 것이다.

 이에 대해 한국은 단기적인 매뉴얼과 임기응변식 대응으로 일관하는 것 같은 느낌이 든다. 좀 더 장기적인 목표에 대해 치밀한 시나리오를 작성하여 진행하는 자세가 보완되면 좋을 것 같다. 일본의 완벽한 매뉴얼화에서 배울 점을 찾고 또 일본에는 없는 한국의 융통성을 더한다면 좀 더 순조로운 시스템이 되지 않을까 생각한다.

입체적 공간 활용력

**쓸모없이 공간을 낭비하지 않겠다는 의지로
열심히 궁리한 것 같은 느낌**

　2011년 일본의 한 TV 프로그램에서 재미있는 집에 대해 방영한 적이 있다. 오사카에 지어진 주택 건물인데, 양옆으로 건물이 들어서 있고 그 사이에 있는 10평 약간 넘는 대지에 건평이 7.7평인 3층짜리 주택을 지었다. 건물 정면 폭이 2.6미터, 길이 13미터의 건물이다. 그런데 그 작은 주택 건물 안에 있을 것은 다 있다. 우선 1층에 자동차 한 대 세우는 주차장이 있고 그 뒤편 옆으로 현관이 나와 있다. 현관에 들어서면 반지하실이 있고 반지상에 다다미방이 있다. 그리고 2층은 주방과 식당, 화장실 및 욕실이 있고, 3층은 침실로 사용하고 있다. 내부 계단을 통해 1층에서 3층까지 연결되어 있는 구조이다. 건물 전체적인 모양을 옆에서 본다면 'ㄱ'자 모양으로 1층은 주차 공간을 빼면 7.7평, 2층과 3층은 각각 10평 정도 되도록 설계되어 있다. 주차 면적을 확보하기 위해 기둥 없이 설계되었고 무엇보다도 좁은 틈새에 이렇게 지을 수 있도록 설계한 것도 대단하지만, 없는 것 없이 모든 것을 배치했다는 점에서 일본 특유의 공간 활용의 극치를 엿볼 수 있다.

일본인의 효율적 공간 활용력은 매우 뛰어나다. 아무리 작은 집이라도 어떻게든 수납공간을 마련해 놓고, 이리저리 있을 것은 다 있도록 배치하였다. 그러나 내부 공간이 답답하다는 느낌보다는 깔끔하고 심플하게 정리되어 있다는 느낌을 받는다. 가끔 일본에서 10명 정도 들어가는 작은 스시집의 화장실에 가 보면, 좁은 공간이라 문은 미닫이문이고, 좌변기가 있고 손 씻는 세면기가 좌변기 물통 위에 있어서 손 씻은 물이 좌변기 물통으로 들어가도록 되어 있는 등 여유롭게 배치해 놓은 것을 보면 '과연 일본이구나'라는 감탄이 절로 나온다. 마치 80년대에 일본의 초소형 가전제품을 보고 감탄을 했던 그런 느낌이다.

건물 전체를 보고 감탄한 적도 있었다. 도쿄 긴자(銀座)에 있는 7층짜리 어느 건물을 간 적이 있었는데, 건물 자체가 매우 협소하여 실제 한 층에 가게 한 개씩만 배치되어 있는 건물이었다. 그래도 그 건물 안에 어른 3명 정도 탈 수 있는 소형 엘리베이터도 있고, 1명이 겨우 지나갈 정도의 비상계단도 함께 놓여 있었다. 이렇게 협소한 공간에 계단과 엘리베이터를 배치할 생각을 했다는 자체가 대단할 정도이다.

일반 가정에서도 수납공간을 잘 활용하고 있는데, 특히 일본

에는 전통적으로 오시이레(押入れ; 붙박이장)가 붙어 있는 주택이 많아 한국처럼 장롱을 사서 들여 놓는 일은 거의 없다. 집 안에 오시이레, 선반, 선반 밑, 실내 계단 밑 등 수납공간이 여기저기 아기자기하게 붙어 있는 경우가 많다. 그만큼 편리하게 공간을 활용하여 수납할 수 있도록 되어 있다.

　한번은 일본인 지인의 집에 갔었는데, 그 집에는 우리나라에서 흔히 볼 수 있는 책장이 없었다. 우리는 보통 책장을 거실이든 또는 방 한편에 두고, 보든 안 보든 많은 책들을 꽂아 두어 공간만 차지하는 경우가 종종 있다. 그러나 그 지인의 집에는 높이 1미터 정도의 바퀴 달린 책장 여러 개를 선반 밑에 겹쳐서 넣어 두었다가 필요한 책장을 서랍 열듯 꺼내서 책을 고르고 다시 책장을 원위치로 밀어 넣도록 되어 있었다. 쓸데없이 책장이 차지하는 공간을 줄일 수 있도록 활용한 것이다. 또한 화장실 문은 미닫이문을 사용하였고, 욕실 문은 비행기 화장실 문처럼 반으로 접히는 여닫이문을 사용하여 문이 열리는 반경을 최대한 줄여 놓아 좁은 집이라도 공간 활용에 신경을 썼다는 느낌을 받았다.

　이런 모습을 보면 쓸모없이 공간을 낭비하지 않겠다는 의지로 열심히 궁리한 것 같은 느낌이 든다. 아니면 좁은 공간을 이리저리 머리를 짜내고 궁리하여, 최대한 넓은 공간을 확보하려는 의지이기도 할 것이다. 어찌되었든 일본인들은 공간을 굉장히 효율적으로 사용하고 있는 것은 사실이다.

신경을 쓰지 않으면 그냥 낭비되는 공간을 효율적으로 사용하기 위해 궁리한 흔적은 주택뿐만 아니라 대형 오피스 건물에서도 찾아 볼 수 있다. 몇 년 전부터 도쿄에는 새로운 고층 건물을 짓거나 기존 건물을 리모델링하는 일들이 많이 일어나고 있다. 그런데 대형 건물과 건물 사이에 경계가 없는 애매한 건물들이 눈에 띄는 것이다. 우리나라 같으면 분명 건물과 건물 사이에 화단이나 낮은 담으로 경계가 있을 것인데, 경계 대신에 건물과 건물 사이를 투명한 유리 등으로 연결하여 천장을 만들어 두어, 그 공간을 휴식 공간이나 쇼핑 공간으로 공동 활용하고 있었다. 분명히 두 건물의 경계 부분에 해당되는 실외 공간인데 천장을 만들어 실내처럼 느껴지게 만들고 함께 사용하는 것이다. 그곳에는 벤치도 있고 간단한 먹거리도 팔고 있어서 사람들이 자연스럽게 모여들고 있었다. 그렇게 모인 사람들이 두 건물 중 어느 건물로 들어가서 또 다시 쇼핑을 할지는 모르지만 아무튼 두 건물 안에 있는 상점들의 매상에는 도움이 될 것이다. 만일 두 건물이 어느 정도 거리를 두고 화단이나 담으로 경계를 만들었으면 경계로서의 역할만 할 뿐 더 이상 부가가치가 없을 수도 있을 공간이었는데, 서로 효율적으로 공간을 활용하고 있는 듯했다.

한국의 공간 활용 능력은 일본보다는 낮은 것 같다. 한국과 일본의 공간 활용 형태를 보면 한국이 평면적이라면 일본은 한 단계 더 나간 입체적이라고 할 수 있다. 그만큼 다양하게 궁리하고 또 그 궁리에 맞는 제품들을 실제로 생산하고 있다. 일반 주택의 내부를 보면 한국은 평면에다가 장롱, 책장, 수납장 등을 벽을 따라 펼쳐 놓은 느낌이다. 즉 평면 공간을 많이 차지하고 있지만 여기에 상하 공간을 활용하면 평면 공간이 좀 여유로울 수 있을 것이다. 주택도 마찬가지다. 아마도 일본 초소형 주택처럼 우리나라에서 10평 정도 대지에 집을 지으려는 사람은 없을 것이고 또 설계도 어려울 것이다. 우리가 집을 짓는다는 개념에는 평면적 넓이가 어느 정도 되어야 한다는 생각이 자리 잡고 있다. 공간이라는 것은 평면도 공간이지만 위로도 공간인 것이다. 따라서 좁은 공간일지라도 위로도 지어서 모두 활용한다는 생각을 해 보면 굳이 평면만 중요하다고 생각할 필요는 없다.

　최근 우리나라에서도 일본의 소형주택인 땅콩주택에 관심을 가지고 있다. 평면적 넓이보다는 실내 계단을 이용하여 2~3층을 모두 사용하는 입체적 공간 개념을 생각하기 시작한 것이다. 이렇게 입체적인 궁리를 하다 보면 그동안 수요가 없어서 생산하지 않았던 제품, 상품성이 없다고 판단하여 머릿속에만 있던 아이디어 상품들이 인기를 끌 수 있을 것이다. 그러한 상품들이 출시됨으로써 더욱더 효율적인 공간 활용이 가능하게 되지 않을까 한다. 아무튼 넓지 않은 나라에서 무조건 큰 것이 부의 상징이 되어 과시하고자 하던 시절도 있었다. 그러한 가운데 그동안 버려지는 공간에 대한 생각은 그다지 하지 않았었다. 그러나 요즘은 주택도 소형화되어 가는 추세라서 평면적 공간만으로는 답답함이 많을 것이다. 이제부터는 입체적인 궁리가 절실히 필요할 때이다. 평면적 공간에서 입체적 공간으로 좀 더 궁리하여 효율적인 공간 활용을 해야 할 시대가 온 것 같다.

일본인의 가정교육,
시쯔케(仕付け)

**시쯔케의 기본 사상은 다른 사람에게
폐를 끼치지 않는 것과 배려하는 마음이다.
남한테 폐를 끼치지 않는 범위 내에서는 매우 자유롭게
행동을 하고 또 그 자유로운 행동이 사회에서 받아들여지는 것이다.
폐를 끼치지 않는 마음, 배려심, 사회규범을 지키려는 마음이
근간이 되어 질서의식이 매우 높다.**

    요즘 동네 놀이터나 공원을 가 보면 유치원생 정도 또는 초등학생 저학년 정도의 자녀를 키우는 엄마들이 삼삼오오 모여 담소를 나누고, 그들의 자녀는 또 한 그룹이 되어 놀고 있는 광경을 자주 본다. 물론 엄마가 전업주부일 경우이다. 나도 우리 애 셋을 키우며 놀이터에서 애들을 많이 보았다. 자녀들이 노는 것을 엄마들이 같이 나와서 지켜보는 것이다. 일본의 엄마들이 하는 모습과 다를 바가 없다.
    그러면 한국이나 일본 엄마들은 왜 놀이터에 나와서 자녀들

의 노는 모습을 지켜보는 것일까. 여기에는 한국과 일본의 차이점이 있는 것 같다. 한국의 엄마들은 자녀가 다치지나 않을까 하는 마음에 안전이 우선 목적이다. 그러나 일본 엄마들은 물론 자녀의 안전 문제도 있지만, '남한테 폐를 끼치지 않을까' 하는 마음으로 자녀를 지켜보는 목적이 더 우선시되는 것 같다. 놀이터는 공공장소이다. 그들의 자녀가 다른 사람에게 피해를 줄 만한 행동을 하면 바로 달려가서 '다른 사람에게 폐가 되니, 폐를 끼치지 말라'고 교육을 시킨다.

일본의 가정교육을 '시쯔케(仕付け)'라고 한다. 시(仕; 섬길 사)라는 말은 '섬기다'라는 뜻이고, 쯔케(付け)라는 말은 '붙이다', '익히다'라는 뜻으로 '예의범절을 몸에 익히는 것'을 말한다. 시쯔케의 기본 사상은 다른 사람에게 폐를 끼치지 않는 것과 배려하는 마음이다. 한 사람이 사회의 일원으로서 질서를 지키며 서로 같이 살아가기 위한 서로 간의 예의, 규범, 도리 등을 익히는 것이다. 일본 어린이들이 친구들과 서로 놀면서 처음으로 시쯔케를 실습해 보는 곳이 놀이터인 것이다. 그래서 일본 엄마들이 놀이터에서의 첫 시쯔케 실습에 좀 더 신경을 쓰는 것이다.

이처럼 일본인들은 어릴 때부터 이렇게 교육을 받기 때문에 남한테 폐를 끼치지 않는 범위 내에서는 매우 자유롭게 행동을 하고 또 그 자유로운 행동이 사회에서 받아들여지는 것이다. 내가 일본의 한 대학 도서관에서 3년간 아르바이트를 한 적이 있었다. 당시 처음으로 일본 대학생의 도서관 이용 모습을 보고 약간 의아해했다. 우리나라에서는 도서관 하면 독서실 분위기이고 도서관이라는 곳이 공부하는 곳으로 마음자세뿐만 아니라 행동도 매우 중요하다고 생각되는 곳이다. 그런데 일본의 그 대학 도서관에는 열람실에 둥근 소파도 있고 바닥이 카펫으로 되어 있었는데 책 읽는 자세가 바닥에 반쯤 누운 자세도 있고 자기 집 소파처럼 매우 편한 자세로 책을 읽는 학생도 있고 또 구석 바닥에 앉아 본인만의 세상에 빠져 뭔가에 집중하는 학생도 있었다. 그런데 하나같이 남한테 피해를 주지 않으려고 신경을 좀 썼다는 생각이 느껴지는 자세 또는 행동이었고, '참 자유롭게 책을 읽는다'는 게 첫인상이었다. 당시의 우리나라 같았으면 도서관 직원이 달려와서 '학생, 여기서 그렇게 하면 안 돼요'라는 주의를 들을 법했을 텐데 말이다.

일본의 유치원에서는 우리나라처럼 영어를 그렇게 많이 가르치지는 않는다. 유아교육에서는 인성교육인 예의범절 교육을 우선 가르친다. 남에게 폐를 끼치지 않고 서로 배려하며 사회의 규범을 지키는 일원으로서 성장하도록 교육시킨다. 2011년 동일본 대지진이 터졌을 때 일본인들이 보여 준 질서의식이 하루아침에 나온 것은 아니다. 폐를 끼치지 않는 마음, 배려심, 사회규범을 지키려는 마음이 근간이 되어 세계 최고 수준의 질서의식이 자리 잡은 것이다.

얼마 전 일본 오사카 여행 때의 일이다. 어느 고층 빌딩 전망대를 가는 통유리로 된 엘리베이터 안에서 초등학생을 데리고 탄 일본 엄마가 있었다. 그 학생이 엘리베이터를 타자마자 뒤쪽 유리창을 통해 바깥 경치를 보려는 마음에, 그 학생의 행동이 조금 컸던 것 같다. 그 엄마가 '매너와 룰을 지켜'라고 아들에게 조용하지만 단호한 목소리로 주의를 주는 것이다. 식당이든 어디든 남에게 폐를 끼치지 말고 규범을 지키라고 교육을 시키는 이러한 모습은 일본에서 자주 볼 수 있다.

우리 한국은 애들의 기를 살려 주려는 마음에 좀 떠들고 뛰어도 그냥 내버려두는 경향이 있다. 최근에는 더더욱 자녀에 대한 비상식적 보호를 바란 나머지 사회적 비난을 받는 경우도 종종 있다. 남을 배려하는 마음보다는 오히려 남이 이해해 주기를 바라는 마음이 좀 더 큰 것 같다. '아무것도 모르는 애들인데', '애들이 뛰고 장난치는 게 보통이지', '애들이 다 그렇지' 등 애들 하는 것이라서 시끄럽고 신경이 거슬리더라도 이해를 해 달라는 마음이다. 남이 이해해 주기를 바라기보다 우선 남에게 폐가 되지 않도록 배려하는 마음과 사회적 에티켓을 가르치는 게 옳지 않을까 생각된다.

맛집 방송,
경제발전의 단계인가

**경제발전 단계, 즉 1인당 GDP가 올라감에 따라
의식주도 따라서 바뀌는 것이다.
일본의 젊은 층, 이제는 자동차, 여행, 외식 등에도
관심이 없다고 한다. 다음 관심은 어딜까?**

　사람들은 의식주가 해결되면 그다음 단계는 여가를 찾는 모양이다. 우리 부모 세대들은 보릿고개를 넘기던 세대로 살아남기 위해 먹을 것을 찾았다. 그 당시에는 살기 위해 먹을 것을 찾았기 때문에 맛을 따진다든지 할 여유는 없었을 것이다.
　의식주 해결 이후의 여가 발전도 각 국가의 경제발전 단계에 따라 이루어지는 것 같다. 우리가 지금 2023년 1인당 GDP가 3만 3천 달러 정도 되니까 먹고 사는 문제는 이미 해결되었고 먹을거리에 대한 여유를 즐기는 것이다. 적어도 1990년 초반까지만 하더라도 우리나라는 지금과 같이 먹거리에 대한 방송이 거의 없었을 정도다. 음식에 대한 방송이라고는 아침 10시쯤 하는 〈오늘의 요리〉 정도였다. 그러던 것이 지금으로부터 10년 전인 2013년, 그리고 2023년 현재 어떤가. 2013년 방송을 보면 음식, 맛집 등이 방송 군데군데 녹아 있을 정도였고, 맛집을 소개하는 수준이었다. 2023년 현재는 맛집 소개를 뛰어 넘어 '먹방'을 할 정도다. 10년 만에 맛집 소개에서 먹방으로 발전했다.

1994년 일본에 가서 TV를 보는데 모든 방송이 거의 먹는 것에 대한 방송이었다. 여기를 틀어도 "오이시이(맛있다)", "우마이(훌륭하다)", 저기 틀어도 "오이시이", "우마이". 아침저녁 어느 방송 시간이든 상관없이 먹는 것만 찾아다니는 것만 같았다. "도대체 일본은 먹는 것에만 관심이 있나"라고 착각할 정도로 요리, 맛집, 먹거리에 관심이 많은 나라라고 생각되었을 정도였다. 일본 친구들이 한국과 다른 점이 무엇인가 궁금해했을 때 처음 얘기했던 것이 일본 방송은 음식에 관한 방송이 너무 많다고 말했던 기억이 난다.

의식주가 해결되면 그다음은 여가를 찾는다고, 식도락도 여가 중의 하나이다. 한국의 1990년 1인당 GDP는 6,300달러 정도였다. 이때는 외식산업이 지금같이 크게 발전하지 않은 시대였다. 미국 피자 프랜차이즈인 피자헛이 한국에 들어온 것도 1985년 이태원이 최초였다. 1990년경에 피자헛이 겨우 지방 도시에 한두 군데 정도 생길 때였으니, 당시는 외식산업 발전 단계를 놓고 보면 초기 단계였다.

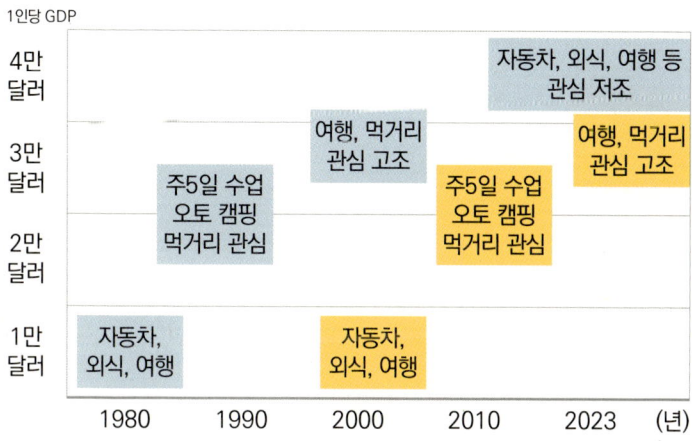

표 도식화 1인당 GDP에 따른 트렌드

　1990년 일본의 1인당 GDP를 보면 2만 5,000달러로, 2013년 현재 한국의 1인당 GDP인 2만 4,000달러보다도 약간 높았다. 우리가 잘 아는 〈고독한 미식가〉가 1994년부터 연재가 시작되었고 인기가 있었던 것을 보면, 1인당 GDP가 2만 5,000달러 수준에서 먹거리에 관심이 커지기 시작하는 모양이다. 2023년 현재 1인당 국민 소득 3만 3,000달러 수준의 한국, TV를 보면 먹거리에 대한 방송이 너무 많다고 느껴지지 않는지. 지금의 일본은 먹거리 방송이 예전보다는 많이 줄어든 느낌이다.

　1인당 GDP가 1만 달러 정도 되면 의식주에 대한 고민이 좀 사라지고 식도락, 여행 등 여유를 즐길 수 있는 것 같다. 일본도 1980년 1인당 GDP가 9,300달러로 1만 달러를 바짝 다가섰으며, 이 당시부터 자동차, 외식, 여행 등을 즐겼다. 캠핑 바람이 분 것도 한창 버블경제가 일어날 때인 1980년 중반부터이고, 1인당 GDP가 2만 5,000달러를 넘어서면서 1990년 초반 주 5일 수업이 시작되었고 오토캠핑 붐이 일어나기 시작했다.

한국은 2002년에 1만 달러를 돌파하였고 당시를 가만히 생각해 보면 자동차, 해외여행, 외식 등 여가 생활에 대한 관심이 높아지며 꾸준히 발전해 왔고, 2012년 1인당 GDP가 2만 5,000달러를 넘어서면서 캠핑 문화가 붐을 일으키고 있다.

요즘 한국에서도 맛집에서 줄 서는 것은 기본이고 장시간 기다리는 것도 마다하지 않을 정도다. 먹기 위한 것보다는 맛을 즐기기 위함이기 때문이고 줄을 서는 여유가 생긴 것이다. 예전에는 먹거리를 위해 줄을 선다든지 장시간 기다릴 만한 여유는 그다지 없었다. 1990년 중반 당시 일본에 가니 식당 앞에 줄을 길게 서 있고 방송에서도 이런 음식점의 먹거리를 다루고, 또 유명한 식당일 경우 장시간 줄을 서서 기다리는 것은 기본이었다. 당시 한국에서는 일본인이라고 하면 전철 안에서도 많은 사람들이 책을 읽고, 줄 잘 서고, 친절하다고 알려져 있었다. 맛있는 집에서 맛을 즐기기 위해 줄을 서는 것을, 나는 '줄까지 서서 먹을 필요가 있을까'라고 생각했던 것이다. 왜냐하면 당시 한국에서는 그다지 줄을 서서 먹을 정도로 맛을 즐기지 않았기 때문이다.

경제발전 단계, 즉 1인당 GDP가 올라감에 따라 의식주도 따라서 바뀌는 것이다. 이제는 우리도 1인당 GDP가 3만 4,000달러가 넘기 때문에 맛을 즐기기 위해 장시간 줄을 서는 여유가 생긴 것뿐만 아니라, 방송에서도 맛집 소개에 그치지 않고 '먹방'을 하는 단계에 이르렀다. 이러한 트렌드를 1인당 GDP에 비추어 본다면 분명히 일본이 먼저 그 단계를 지나갔고, 우리는 10~20년 정도 뒤따르고 있다고 느껴진다. 생각하는 의식도 비슷한 단계를 따라가는 것 같다. 몇 년 전부터 일본 젊은 층에서는 자동차, 여행, 외식 등에도 관심이 없다고 한다. 아마도 너무 풍족해서 그런 건 아닌가라는 생각이 든다. 그렇게 갈망하던 것을 이루고 나면 별로 감흥이 없어지듯, 어느 정도 경제 발전을 이루고 나면 자동차, 여행, 외식에 대해 큰 갈망은 안 하는 것인가. 여행도 우주여행, 외식도 아주 특별한 재료를 활용한 것, 특별한 공간에서 먹는 음식 등에 관심이 있을 것인지. 다음은 과연 어디에 관심이 있는지 연구해 볼 필요가 있을 것 같다.

와(和) 문화와
이지메

'와(和)'는 '화합(和合)', '조화(調和)' 등의 의미가 많이 지배하는 사상이다. 일본인은 개인보다는 조직의 질서, 안녕 등을 중시하는 민족으로 '집단의 와(和)'를 매우 중요시해 왔다. 집단주의에서는 '나카마(仲間; 한패, 동료)'에서 제외되지 않으려고 노력한다.

내가 초등학교를 다니던 시절인 1970년대는 한 반에 학생 수가 60명 이상이었다. 그리고 한 학년당 교실이 12반 이상 있었던 시절이다. 지금은 한 반에 학생 수가 25명 정도 있는 것 같고, 한 학년당 5반 정도 있는 것 같다.

그 시절은 그냥 운동장에서 뛰어다니며 놀던 시절이다. 지금같이 학원을 다니지는 않았다. 학원이라 해 봐야 반에서 1~2명 정도가 피아노 학원을 다녔고, 일일 학습지 정도를 받아 보던 시절이다. 그러니 학교 내에서든 방과 후든 신나게 노는 게 일상이었다. 운동장에 축구공 하나 던져 주면 그냥 떼로 몰려다니며 공 한번 차 보려고 했던 시절이다. 그 시절에는 누구 한 명을 여러 명이 집단적으로 괴롭힌다든지 그런 문제는 없었다. 그런데 요즘은 학생 인원도 적은데 왕따, 이지메가 사회적인 문제로 대두되고 있다.

왕따, 이지메 문제에서는 일본이 한국보다 먼저 사회적 이슈가 되었기에 일본의 이지메에 대해 살펴보면, 이지메(いじめ)란 이지메루(いじめる)라는 '괴롭히다'의 명사형이다. 이러한 이지메는 일본의 집단주의 문화 속에서 그 뿌리를 찾는 학자도 있다. 일본의 문화를 설명할 때 사용하는 용어 중의 하나가 '와(和)' 문화이다. '와(和)'라는 것은 한자를 그대로 놓고 보면 '화합(和合)', '조화(調和)' 등의 의미가 많이 지배하는 사상이다. 일본인은 개인이나 자유보다는 조직의 질서, 안녕 등을 중시하는 민족으로 '집단의 와(和)'를 매우 중요시해 왔다. 결국 일본은 '와(和)'라고 보면 된다.

일본이 이러한 와(和)를 얼마나 중시하는지는 일본의 옛 이름으로 '와(和)'를 사용했었다는 사실을 보아도 알 수 있다. 일본의 옛 이름을 얘기할 때 '왜(倭)'라고도 한다. '왜'라는 발음은 한자의 중국식 발음이고, 일본에서는 '와(わ)'라고 불렀다. 그러다가 국명(國名)은 2자를 사용하도록 정해짐에 따라 왜(倭)와 의미가 통하는 '와(和)'에 대(大) 자를 더해서 '야마토(大和)'라고 불렀다.

와(和)가 일본을 나타낸다는 표현은 현재 일상에서도 많이 발견된다. 예를 들어 식당에 가면 '와쇼쿠(和食)'라고 쓰여 있는데 일본 자기네 음식을 가리키는 말이다. 우리로 따지면 한식이라는 의미이다. 와규(和牛)는 우리의 한우(韓牛)에 해당된다. 또한 '와후(和風)'는 '일본풍 또는 일본식'이라는 의미로 와(和)라는 말은 일본의 사상이자 일본 그 자체인 것이다.

이렇듯 집단의 화합이나 조화를 중시하는 문화에서 한 명이라도 집단과 어울리지 않는 행동을 한다든지 조화를 깨는 행동은 용납되지 않는 것이다. 그래서 집단주의에서는 어떻게 하든지 '나카마(仲間; 한패, 동료)'에서 제외되지 않으려고 노력하는 것이다.

일본에서도 각 마을, 촌락마다 공동체가 구성되어 있어서 마을 공동 일을 한다든지 함께 마츠리(祭り; 축제)를 해서 결속을 다지곤 한다. 그런데 이러한 집단의 화합을 중시하는 일본에서 마을의 규율과 질서를 어지럽힌 자에게는 무라하치부(村八分)라고 하는 '공동 절교' 제재를 가했다. 무라(村)라는 말은 마을, 촌락을 의미하고 하치부(八分)라는 말은 '10가지 중 8가지'라는 의미로, 무라하치부(村八分)는 즉 마을의 규율과 질서를 어지럽힌 자와는 마을에서 공동으로 돕는 일의 8가지를 함께하지 않는다는 제재이다. 소방, 장례를 제외한 수해, 건축, 결혼식, 성인식, 출산, 병간호, 여행, 제사 등 8가지를 돕지 않는다는 말이다. 이렇게 되면 마을의 질서를 어지럽힌 자는 그 마을에서 떠날 수밖에 없었을 것이다.

공동체 생활에서는 이러한 제재를 가할 수밖에 없고 어느 시대나 어느 나라에서도 공동체 생활에서는 규율이 존재하였다. 가끔 일본의 이지메에 대해 이야기할 때 일본의 무라하치부(村八分)의 집단 따돌림이 이지메의 근원이라고 보는 사람들도 있다. 그러나 한번 생각해 보면 농경사회는 유목민과 달리 한곳에 정착하며 생활해 왔고 그러면서 부락, 마을, 촌락이 형성되어 공동체 생활이 시작된 것이다. 공동체 생활이 원활히 운영되기 위해 규칙을 정했을 것이고, 그 규칙을 어긴 자에 대해서는 어떤 식으로든 제재를 가했을 것이다. 이렇게 생각해 보면 농경사회 마을을 중심으로 공동체 생활을 한 나라 또는 시대에서는 당연히 규율과 제재가 있었다고 볼 수 있다.

조선시대 향약(鄕約)은 마을의 자치규약으로 공동체 생활을 위해 마을 스스로 규칙을 정한 것이다. 여기서도 이러한 규칙을 어겼을 때 제재가 있었다. 수화불통(水火不通)이라 하여 마을의 공동 이익에 반(反)하는 행동을 할 경우 일체의 친교를 단절시키는 제재였다. 옛날에는 마을에서 공동 우물을 사용하였기에 그 우물을 사용 못 하게 하는 것, 그리고 아궁이에 불을 지펴 밥을 짓던 시절이라 불씨가 꺼졌을 때 이웃 간에 서로 불씨를 빌려주지 않는 등 일체의 교류를 단절시키는 것이다. 이런 재제를 받으면 마을에서 오래 버틸 수가 없고 떠나야 했을 것이다.

공동체 생활을 유지하기 위해 규율 및 질서를 어지럽히는 자에 대한 이러한 제재와 이지메를 같은 선상에 놓고 그 뿌리라고 보는 것은 조금 무리가 있는 것 같다.

왜냐하면 무라하치부(村八分)와 수화불통(水火不通) 등은 엄연히 마을 단위로 약속한 규율이 있고 그것을 어겼을 때 가해지는 제재이지만, 이지메는 약속한 규율 자체가 없는 상태에서 행해지는 따돌림, 괴롭힘 행위이기 때문이다.

그러면 이지메는 왜 일어나는 것일까. 1979년 카미후쿠오카 제3중학교(上福岡第三中學校)에서 당시 조선인 12살 중학생이 이지메로 인해 자살한 사건이 발생했고, 본격적으로 이지메 자살이 클로즈업되어 사회적 이슈가 되기 시작한 것은 1986년 발생한 나카노후지미중학교(中野富士見中學校) 사건부터이다. 한국에서도 1990년 중반에 '이지메'라는 일본어를 그대로 사용하며 사회적 이슈가 되기 시작하였고, 현재는 용어가 '왕따'로 바뀌어 사용되고 있다.

내가 초등학교 다니던 시절인 1970년대에는 그다지 왕따, 이지메가 이슈가 되지 않다가, 왜 근래에 와서 이렇게 이슈가 되고 있을까. 물론 왕따, 이지메는 어느 시대든 어느 문화권이든 인간관계를 해 나가는 동안 어느 정도 발생한다고 생각한다. 그런데 왜 근래에 들어 더 심해지고 또 사회 문제로까지 대두될까. 그것은 사춘기 청소년들의 '탈출구'가 없기 때문으로 보인다. 위의 두 가지 사례는 모두 중학생이다. 문부과학성이 2013년 3월에 발표한 '2011년도 아동생도의 문제행동 등 생도 지도상의 문제에 관한 조사'에 따르면 이지메 발생 건수는 중학생이 가장 많고 이지메로 인해 자살한 학생도 중학생밖에 없다. 2010년도에도 마찬가지고 그 이전도 비슷한 추이를 보이고 있다. 즉 이 통계가 의미하는 것은 사춘기 시절인 중학생 때에 이지메가 가장 많이 발생하고 또 마음의 타격을 가장 많이 받는다는 말이다. 옛날에도 15살 전후로 사춘기는 있었지만 이지메가 이슈화 되지는 않았던 것 같다. 왜냐하면 자연과 함께 뛰어놀며 자신도 모르게 스트레스를 풀 기회가 많은 환경이었는데, 근래에 들어서는 학업 스트레스, 핵가족화로 인한 자녀 과잉보호, 또래 친구들과 함께 활동적으로 어울려 노는 것보다 핸드폰이나 컴퓨터로 SNS(소셜 네트워크 서비스) 또는 가상공간에서 노는 문화가 발달하여 사춘기 때의 탈출구가 줄어들었다. 결국 현실 공간이든 가상 공간이든 좁은 공간에 갇혀 있게 되어, 그 정신적 탈출구가 부족하여 이지메가 행해지고 있는 것 같다. 상기 문부과학성 자료에 따르면 이지메가 발생하는 장소는 교실이 압도적이었다. 좁은 교실에 갇혀서 그 안에서 이지메가 점점 발달, 진화해 온 것이다.

  1990년대 TV 드라마를 보면 학생들의 이지메라는 것은 칠판 등에 낙서로 흉을 본다든지 학교생활에서 신체적 정신적으로 괴롭힌다든지 그런 것이었다. 그런데 사회가 발전함에 따라 이지메 형태도 변화되고 있다. 즉 인터넷이 발달함에 따라 인터넷상의 교류 사이트를 통한 이지메도 점점 많아지고 있다고 한다. 이지메 내용은 주로 인터넷상의 게시판에서 나쁜 말을 적는다든지 SNS상 그룹 대화에서 따돌림을 한다든지 하는 경우이다.

사회가 발전함에 따라 사춘기 청소년들이 활동할 수 있는 공간은 인터넷상으로 점점 좁아지고 스트레스 해소 방법은 점점 세분화 및 다양화되고 있는 것이다.

이런 이지메 문제에 대해 일본 정부는 여러 각도로 정책을 내놓고 있는 중이다. 최근에는 학교 내 관련 조직 설치, 피해 보고 의무화, 감시 강화 등 이지메 방지법을 만들었다. 이지메의 정의에 대해 심리적 물리적으로 영향을 주어 심신의 고통을 느끼게 하는 상태로 규정하고, 특히 인터넷상의 악질적 글쓰기도 이지메에 포함하였다.

앞에서도 말했듯이, 이지메는 어느 시대나 어느 문화에서도 나타나는 현상인데, 사춘기 시절에 정점을 보이는 이지메를 감시, 단속하기보다는 오히려 발생을 줄일 수 있는 환경을 조성하는 것이 효과가 있을 것 같다. 예를 들어 전반적인 학업 스트레스를 줄이기 위해 과감히 중학교 교육 과정의 대대적 재편도 생각해 볼 수 있지 않을까 한다. 왜냐하면 생각 많은 사춘기에 무리하게 주입식 교육을 강요하기보다는 본인이 관심 있는 분야가 어딘지를 찾아낼 수 있도록 다양한 교육 과정을 만드는 것도 필요할 수 있기 때문이다. 또한 중학교 분위기를 고등학교와 같은 일반적인 분위기보다는 조명시설 하나에도 신경을 써서 사춘기인 중학생 자체에 대한 사회적 배려를 함으로써 모든 학생이 무사히 사춘기를 잘 보낼 수 있도록 신경을 쓰는 것이 필요하지 않을까 한다.

출생률 저하, 맞벌이 부부 증가, IT 및 통신기계의 발달 등과 함께 이지메, 왕따도 점점 진화하고 있다. 왕따라는 말이 유행했을 때 어쩌면 그리도 일본을 닮아 가는 것일까 걱정을 했다. 배우지도 않은 이지메를 닮아 가는 것을 보면 사춘기 학생들의 행동은 동서고금 비슷한 면이 있구나라고 생각된다. 감시, 감독도 좋지만 사춘기 학생들의 마음을 배려해서 이지메, 왕따 발생률이 줄어들 수 있도록 환경을 만드는 것도 중요한 것 같다.

만화(카툰, 웹툰) 왕국 일본

**공동체 조직 사회에서 만화가 하나의 탈출구 역할을 했기 때문이다.
예전부터 만화를 하나의 작품이자 창작물로 인정하고 또 만화가를 작가로서 인정하는 사회적 정서가 있었기 때문이다.
만화를 즐겨 읽는 독자층이 많기 때문이다.**

1990년 중반 일본의 전철 안 풍경을 보면, 만화책을 읽고 있는 승객들이 참 많았다. 특히 양복을 입은 샐러리맨들이 두꺼운 만화책을 읽고 있는 광경은 어느 전철에서나 쉽게 볼 수 있었다. 당시 나의 생각으로는 학생이면 모를까 어른이 만화를 본다는 것, 그것도 양복을 깔끔하게 차려 입은 직장인이 만화를 공공장소에서 읽고 있다는 것은 참 이상하게 느껴졌다. 요즘은 두꺼운 종이 만화책이 온라인 전자 만화책으로 바뀌고는 있지만 그래도 일본인의 만화 사랑은 정말 대단하다.

2006년 한국에서 처음으로 퇴직연금제도가 도입되었다. 당시 금융기관에서는 처음 소개되는 생소한 퇴직연금제도를 일반인에게 알리기 위해 만화로 설명된 퇴직연금 소개 책자를 만든 적이 있었다. 우리나라보다 먼저 퇴직연금을 도입했던 일본에서는 만화로 된 퇴직연금 소개 책자를 홍보용으로 사용하여 큰 효과를 보았기에 우리나라 금융기관들도 따라 해 본 것이었다. 물론 큰 호응은 받지 못했지만 어려울 것 같았던 퇴직연금제도를 쉽게 알릴 수 있는 도구가 된 것은 사실이다.

 일본에서는 만화로 된 홍보책자가 큰 효과를 거두었는데, 왜 한국은 그렇지 못했을까. 이에 대한 답은 간단하다. 일본인에게는 만화가 창작물로서 하나의 문화로 자리 잡고 있기 때문이다. 만약 우리나라 지하철 안에서 양복을 깔끔하게 차려 입은 직장인이 두꺼운 만화책을 읽고 있으면 어떤 생각이 들까. 바로 이런 차이가 일본과 한국에서 받아들이는 만화에 대한 차이이다. 물론 우리나라도 1990년대 초반 일본의《드래곤볼》이나《슬램덩크》등이 인기를 끌며 만화에 대한 인식이 많이 바뀌었고 또 독자층도 확대되었다. 그 훨씬 이전에도《철완 아톰》,《미래소년 코난》,《은하철도999》,《도라에몽》등 우리 어린 시절에 많은 영향을 미친 일본 만화, 애니메이션 등은 수없이 많이 있다. 지금은 우리나라도 만화에 대한 인식은 크게 바뀌었고 웹툰과 작가가 인기를 끌고 있는 시대에 살고 있다.

일본 및 한국 만화산업 시장

(단위 억 원)		2014년	2021년	2022년
일본	시장 규모	44,560	67,590	67,700
	웹툰	8,870	41,140	44,790
	만화	35,690	26,450	22,910
한국	시장 규모	8,548	21,333	26,240
	웹툰		15,660	18,290
	만화		5,673	7,950

주1) 일본 출판과학연구소, 한국 콘텐츠진흥원 및 문화체육관광부 보고서 등 자료
주2) 환율 1,000원/100엔 가정

그러면 만화 천국인 일본의 만화시장은 어느 정도일까. 일본의 출판과학연구소에 따르면 한 해 판매되는 금액으로 따져 보면 2014년경은 4조 4,560억 원 규모였던 것이 온라인 카툰 매출이 크게 올라가며 2022년에는 6조 7,700억 원 규모이다. 이 중 온라인 카툰 매출이 4조 4,790억 원, 종이 만화가 2조 2,910억 원이다. 참고로 종이 만화만 있던 시절인 1995년에는 5조 8,640억 원 규모의 시장이었다. 한국 만화시장 규모는 2022년 2조 6,240억 원 규모로, 대략 계산해서 우리나라의 2.5배 이상 큰 시장이다. 이렇듯 만화시장은 일본에서도 분명히 문화산업 가운데 매우 발달한 분야이고 사회적 인식 자체도 한국과는 매우 많이 차이가 난다.

그렇다면 일본은 왜 만화가 일본의 한 문화로 발달했을까. 그 배경으로 우선 첫째 공동체 조직 사회에서 만화가 하나의 탈출구 역할을 했기 때문이다. 즉 고도의 질서와 공동체 의식이 요

구되었던 일본 사회이지만, 그 틀을 벗어나지 않는 가운데 개인의 자유는 상당히 존중되었다. 이러한 기본적인 사상이 있는 가운데 태평양전쟁으로 상당히 억제되었던 개개인의 정신적 자유가 1945년 종전과 함께 폭발적으로 분출되었다고 볼 수 있다. 마음껏 상상했던 그 상상력과 표현의 자유가 일본 만화의 원동력이 되었고 만화 문화가 형성되었다고 볼 수 있다. 당시 패전으로 사회 전체가 생기가 없던 시절 다양한 상상력으로 그려 낸 만화는, 그동안 틀 안에 갇혀 있었던 일본 국민들의 정신적 탈출구 역할을 했던 것이다.

두 번째 배경으로는 만화를 하나의 작품이자 창작물로 인정하고 또 만화가를 작가로서 인정하는 사회적 정서가 있었기 때문이다. 내가 초등학교 시절인 1970년대만 하더라도 동네에 만화방이 있었고 만화를 빌려 볼 수 있었지만 당시만 하더라도 만화에 대한 사회적 인식은 그다지 좋지 못했다. 공부는 안 하고 만화책을 본다고 야단맞던 시절이었다. 그러나 일본은 종전 이후 태어난 베이비붐 세대들이 이런 만화를 읽으면서 일본의 재건과 과학대국의 상상력을 펼치면서 자라났다. 그렇기 때문에 베이비붐 세대에 있어서 만화란 꿈과 희망을 가질 수 있는 하나의 작품으로 받아들여졌고, 또 만화가들도 패전 후의 일본 국민들에게 꿈과 희망을 주려는 목적으로 만화를 창작했기에 문학적인 글을 쓰는 작가와 같은 존재로 인정되었다.

세 번째 배경으로는 만화를 즐겨 읽는 독자층이 많기 때문이다. 두말하면 잔소리이듯, 수요가 많아야지 만화가 문화로서 자리 잡을 수 있는 것 아닌가. 무엇보다도 일본은 만화를 읽는 연령층이 매우 넓다. 일본의 Goo 리서치가 2012년 일본인 15세에서 44세 대상으로 조사한 바에 따르면, 75%가 만화를 좋아한다고 답했고 80% 이상이 만화를 읽고 있다고 답했다. 앙케트 조사기관인 일본의 CCC마케팅의 2021년 11월 조사에 따르면, 일본인 2명 중 1명은 1년에 1권 이상 만화를 읽고, 그중 72%가 만화를 읽고 지식이 늘었다든지 또는 인생관이 바뀌었다든지 등 긍정적인 영향을 받았다는 결과를 발표했다. 우리나라 10~20대 젊은 층은 일본과 비슷하게 만화를 많이 읽을지 몰라도 30~40대는 아마도 일본이 훨씬 더 많이 읽을 것이라는 생각이 든다. 독자층이 넓기 때문에 일본 만화는 장르별, 연령대별, 남녀별 등 매우 다양한 작품들이 창작되고 있다.

　네 번째 배경으로는 만화책 구입이다. 일본에서는 만화책을 구입해서 보는 정서이다. 즉 저작권에 대해 당연히 돈을 지불하고 본다는 생각이 보통이다. 그러나 예전에는 우리나라에서 만화는 양질의 책이 아니라는 의식이 깔려 있어서 그런지 대부분 만화방 또는 책 대여점에 가서 빌려 보는 경향이 있었다. 물론 지금은 저작권에 대해서 의식이 많이 개선되었다.. 일본 내에서 2023년 지금까지 최대 판매 부수를 기록한 《원피스(ONE PIECE)》로 5억 1,000만 부가 판매되었고, 그 뒤를 잇고 있는 만화책이 《도라에몽》, 《고르고13》이 각각 3억 부, 《드래곤볼》이

2억 6,000만 부 등 돌파했다. 만화를 높게 평가하지 않는 정서라면 이 정도 팔렸겠는가라는 생각이 든다.

이러한 배경 외에도 일본은 남녀노소 만화를 좋아하는구나라고 느낄 수 있는 점은, 어떤 것을 설명한다든지 홍보를 할 때 만화를 정말 많이 활용한다는 점이다. 쉽게 설명하고 또 남녀노소 편하게 다가갈 수 있도록 하기 위해서인 것 같다. 예를 들면 거의 모든 분야에서 만화로 설명된 쉬운 책들이 있고 또 관공서 등에서 어렵고 딱딱한 제도나 법률 등을 알릴 때라든지, 기업에서 제품의 복잡한 내용을 설명하거나 홍보할 때 등 많은 부분에서 만화를 많이 활용하고 있다. 우선 이런 방법은 아주 효율적이라 생각된다. 학문에 있어서 이론적인 기본 틀을 이해하기 위해 또는 쉽게 접근하기 어려운 법률이나 제도 등을 이해하기 위해서 만화로 된 책을 활용한다는 것은 효율적인 접근 방법이기 때문이다.

전 세계 만화방에 진열되고 있는 만화책의 90%가 일본 만화 번역판이라고 하니 과연 일본은 만화 대국 중 지존인 것 같다. 우리나라에서 많이 보는 만화나 애니메이션 등도 일본에서 수입된 것이 대부분일 정도이다.

만화가 이제는 단순한 '재미있는 책'이라는 개념을 벗어나 하나의 산업으로서 자리매김하고 있다. 만화를 이용한 애니메이션, 캐릭터, 광고, 음악 등 많은 콘텐츠 분야에서 부가가치를 일으키고 있다. 우리나라 K-POP이 한류 열풍의 선두에 서서 콘텐츠를 수출하듯, 다양한 콘텐츠 산업을 육성하여 제2의 K-POP 열풍을 만들어야 하지 않을까. 이를 위해서는 우선 인식이 바뀌어야 한다. 가장 중요한 점은 창작물인 만화에 대한 인식을 바꿀 필요가 있다. 지금은 저작권에 대해 크게 신경 쓰지 않아도 될 정도로 선진화되었다. 젊은 세대들에게는 작가와 창작물에 대한 선입견도 많이 없어졌지만, 기성세대는 여전히 선입견이 남아 있을 것이다. 시대에 따라서 시, 시조, 소설 등 문학도 바뀌어 왔듯이 만화도 하나의 장르로 인정되고 있는 시점이다. 아무리 다양한 창작물을 내놓아도 사회적 정서에 가로막혀 그것이 정당한 가치를 인정받지 못하면 창작물이 더 이상 창작되지 못할 것이다. 이러한 사회적 정서, 하나만 바꾸더라도 한국인의 창조성은 더욱 빛날 것이다. 우리나라 대표 산업으로 자리 잡은 반도체나 자동차처럼 다양한 콘텐츠 분야에서도 세계적인 자리매김을 할 수 있을 것으로 생각된다.

거미줄 교통체계, 전철

일본의 철도는 전국 구석구석 전철이나 지하철로 안 가는 곳이 없을 정도로 매우 발달해 있다. 전철을 중심으로 생활이 이루어지다 보니 부동산, 상권 등 도시의 발달이 전철역 주변을 중심으로 이루어져 있다.

　일본을 얘기할 때 우리는 일본의 지하철, 전철 등 교통을 이야기하지 않을 수 없다. 일본의 대중교통은 전철과 지하철, 그리고 우리와 비슷한 버스 및 택시가 있다. 일본 교통에서 가장 많이 이용하고 특징적인 것이 전철, 즉 덴샤(電車)이다. 한마디로 일본의 전철 및 지하철 노선은 우리나라 서울의 몇 배는 복잡하게 거미줄처럼 연결되어 있다.

전철, 지하철, 노선수 비교

구분	서울	도쿄
면적	605㎢	621㎢
인구	938만 명	973만 명
역 수	289개	592개
노선 수주)	11개	30개

주) 서울역, 도쿄역에 들어오는 노선 수

　서울역에 들어오는 노선 수는 KTX(경부선, 호남선, 경전선, 전라선, 동해선, 강릉선), 일반 열차(경부선, 경의선), 지하철(1호선, 4호선, 공항철도) 등 총 11개인 데 반해, 도쿄역에 들어오는 전철, 지하철, 신칸센 등 노선 수는 총 30개이고, 그 면적도 도쿄돔 야구장의 약 4배로 엄청난 규모를 자랑한다. 서울의 총 면적은 605㎢이고, 도쿄 23구(일반적으로 도쿄를 얘기할 때는 도쿄 23구를 말한다. 도쿄도의 경우는 수도권을 포함한다)의 면적은 621㎢로 서로 비슷하다. 인구를 비교해 보았을 때 서울 인구가 938만 명이고, 도쿄 23구 인구는 973만 명이다.

도쿄역, JR 노선도와 지하철 노선도

 서울과 도쿄의 면적과 인구가 서로 비슷하다고 볼 때, 서울의 지하철역 수는 환승역 중복 제외 289개, 도쿄 23구의 전철 및 지하철역 수는 592개이다. 일본의 철도는 전국 구석구석 전철

이나 지하철로 안 가는 곳이 없을 정도로 매우 발달해 있다. 일본의 남쪽 섬인 규슈(九州)에서 북쪽 섬인 홋카이도(北海道)까지 전철만으로도 갈 수 있을 정도이다. 철도를 이용한다면 홋카이도 섬 안에서도 최북단까지 갈 수 있다. 일본에서 참 부러웠던 것이 바로 이러한 전철의 교통체계이다. 아침저녁 통근 시간에 교통 체증 신경 안 쓰고 전철과 지하철을 이용해서 어디든지 갈 수 있기 때문이다. 우리나라의 지하철 보급을 보면 서울의 경우 9호선까지 있어서 그나마 좀 많은 편이지만, 부산은 5호선, 대구 3호선, 대전, 광주 각각 1호선이 개통되어 있는 실정이다.

또한 우리나라는 서울의 1호선과 9호선만 급행 전철을 계획하고 설계되어 운행하고 있지만, 일본은 많은 전철이 보통, 급행, 특급 등 속도를 다양하게 해서 운행하고 있다.

이렇듯 전철을 중심으로 생활이 이루어지다 보니 부동산, 상권 등 도시의 발달이 전철역 주변을 중심으로 이루어져 있다. 도쿄나 오사카 등 대도시의 큰 역을 가 보면 전철뿐만 아니라 지하철 등 십수 개 노선이 들어와 있고 그 주변으로 빌딩들이 들어서 있다. 거대한 지하 세계가 건설되어 있는 느낌이다. 그리고 거미줄처럼 복잡한 지하통로로, 각 빌딩으로 연결되어 있다. 그래서 도쿄역 주변인 마루노우치, 니혼바시 등 금융가의 어느 빌딩을 가려고 하면 지하통로 출구 번호를 찾아 밖으로 나가면 바로 앞에 목적지가 있든지 아니면 그 통로와 빌딩이 연결되어 있는 경우가 많다. 우리나라는 지상으로 달리는 일부 구간을 제외하고 대부분 지하철이다. 지하철 통로를 보면 강남역, 서울역 등 큰 지하철 역 주변은 지하 상권이 몇몇 이루어져 있지만 일본에 비하면 매우 열악한 수준이다.

교통수단별 수송분담률

(%)	대중교통	철도	버스	택시	승용차
2008년	42.2	16.3	25.9	4.0	53.8
2009년	40.3	15.8	24.5	4.3	55.3
2010년	41.9	16.3	25.5	3.7	54.4
2011년	39.6	15.5	24.1	3.6	56.8
2012년	41.5	16.7	24.9	3.3	55.2
2013년	42.0	15.5	26.5	3.3	54.7
2014년	40.3	15.8	24.5	3.2	56.5
2015년	41.3	15.1	26.2	3.0	55.8
2016년	43.9	18.2	25.7	2.9	53.3
2017년	43.2	18.6	24.6	2.8	54.0
2018년	42.9	18.7	24.1	2.6	54.6
2019년	43.0	20.2	23.0	2.8	54.1
2020년	27.8	12.8	15.0	2.7	69.5
2021년	28.6	16.3	12.3	2.4	69.0

주) 국토교통부, 「교통부문수송실적보고」

한국과 일본은 어떤 교통을 주로 이용하는지 수도권을 중심으로 살펴보면, 한국은 승용차 이용률이 55%로 압도적인 수준이며, 버스 이용률은 23%, 지하철 이용률은 20% 수준이다. 이에 반해 일본은 전철이 압도적이다. 일본의 국토교통성 통계자료를 보면 도쿄를 중심으로 한 수도권에서 주로 이용하는 교통은 전철 즉 국철(JR; Japan Rail)과 민자전철이 약 50% 정도 차지한다. 지하철까지 합치면 60% 이상이 전철을 이용하고 있다. 도쿄 23구의 통근 및 통학으로 이용하는 교통수단은 전철 및 지하철이 약 80% 수준에 이른다. 자가용과 버스 이용은 매우 낮은 편이고 택시는 택시비가 엄청 비싸서 단거리 정도로만 이용되고 있다. 대도시인 오사카, 교토 등에서도 전철 노선이 많이 발달되어 있지만 지방에는 자가용, 버스 등의 이용이 많은 편이다. 어찌되었든 일본의 수도권, 대도시 등의 교통수단은 압도적으로 전철이라고 보면 된다. 그렇기 때문에 일본인의 생활과 전철은 같이 움직이는 하나의 유기체처럼 느껴진다. 모든 상권이 전철역을 중심으로 이루어져 있는 것도 이 때문이다. 역 내외를 중심으로 도시 설계가 이루어지도록 빌딩과 상점들이 역을 중심으로 포진되어 있다.

    우리나라 최초의 지하철은 1974년 서울의 1호선 지하철이다. 우리나라도 노면전철이 1968년까지 운영되었다. 그러나 도로교통이 발달하면서 폐지되었다. 국토교통부 자료의 2019년 교통수단별 수송분담률을 보면, 버스와 지하철 중 버스 이용률이 조금 더 높다. 물론 어느 나라든 그 나라의 사정에 맞는 교통수단이 발달하기 마련이다. 일본처럼 거미줄 같은 전철 노선이 있는가 하면 우리나라처럼 도로와 지하철을 주로 이용하는 나라도 있다. 미국같이 넓은 나라는 도심에만 지하철이 있지 도시와 도시를 전철이나 지하철로 연결하지는 않는다. 일본도 전쟁으로 선로 또는 전선 등이 끊어질 경우 군수물자 수송에 차질이 있을 것으로 예상해서 전철 보급에 대해 반대 주장이 있었던 적이 있었다. 마찬가지로 한국도 현재 정전 중이라 군사적 문제도 있었을 것이고 또 서울만 하더라도 산악지대가 많아 전철 선로를 놓으려면 터널을 뚫거나 돌아가야 하는 등 애로 사항이 많을 것이다. 참고로 일본의 도쿄는 산이 없는 평지이다. 그렇기에 우리나라 수도권에는 도로와 지하철이 주요 교통수단으로 발달하였다.

 일본의 전철과 같은 편리한 수준의 교통수단을 느끼려면, 한국은 지하철과 버스의 활용도를 좀 더 높여 일본의 전철 수준의 편리성과 맞먹을 정도의 교통수단으로 만들어야 할 필요가 있는 것 같다. 그러기 위해서 도로 사정도 개선해야 할 것이고 서비스도 개선되어야 할 것이다. 또한 더 중요한 것은 도로에서의 질서 의식도 향상되어야 할 것이다. 우리 사정에 맞는 교통체계를 발전시키기 위해 많은 궁리가 필요할 때이다.

토론의 생활화,
기론(議論)

**기론(議論)을 하여 우선 서로의 입장 차이를 확인한다.
그다음 그 입장을 좁히기 위해 계속 만나서 의논을 한다.
만날 때마다 서로의 입장 차이를 좁혀 나가는 것을 목표로 한다.
따라서 일본인과의 협상은 정말 길고 길다.**

　일본 대학원 재학 시절 가장 많이 들었던 말이 기론(ぎろん, 議論)이라는 말이었다. 기론(議論; 의논)이란 말은 '의논하다'라는 의미도 있지만 '공론화해서 토론하다'라는 의미도 있다. 대학 학부과정의 토론 수업(제미, ゼミ; 세미나를 줄여 이렇게 부르고, 대부분의 학생들은 지도교수의 제미(ゼミ)에 소속되어 수업을 받는다)에서나 또는 대학원 수업을 받아 보면, 지도교수가 하나의 주제를 놓고 기론(議論)을 하라고 한다. 즉 누군가가 어떤 주제를 공론화해서 논리적으로 토론을 하라는 말이다. 책을 읽다가도 기론(議論)해 보라고 하고, 특정 주제를 정해 놓고 기론(議論)해 보라고 하는 등 기론(議論)이 하나의 일본 문화처럼 느껴질 정도로 많이들 한다.

　일본에는 공부를 위한 소모임이 정말 많다. 무언가를 배우는 것에 대해서는 나이가 많든 적든 이런 소모임을 통해 활동을 해 나간다. 이런 소모임에서도 기론(議論)은 아주 자연스러운 행위이고, 서로의 의견을 주고받으며 자신의 의견을 논리적으로 설명하곤 한다.

　내가 본 일본인들은 이런 의논하기를 좋아하는 편인 것 같다. 그렇기 때문에 일본인과의 협상은 정말 길고 길다는 생각을 비즈니스를 하면서도 많이 느꼈다. 우리 같으면 한번 만나 입장 차이를 확인하면 그 자리에서 담판을 지으려고 하거나, 상대방이든 당사자든 누군가가 통 큰 양보를 하기를 바라는 경우도 많다.

　벤쿄카이(勉強会)는 연구회, 공부 동아리 정도로 해석된다. 일본에는 이런 다양한 벤쿄카이가 너무 많아 일본 문화의 특징이라 해도 과언이 아닐 것이다. 나도 일본에 있을 때 이런 벤쿄카이 모임을 2개 정도 나가며 활동한 적이 있었다. 벤쿄카이에서 누군가가 발표를 하면 그다음에는 그 주제에 대해 기론을 한다. 서로의 의견을 받아들이고 자기의 주장을 해 나가는 데 있어서 놀라울 정도로 감정 조절을 잘한다는 느낌을 받았다. 어떻게 보면 무서울 정도로 자기감정을 잘 드러내지 않고 확고한 자기주장을 잘 펼치는 것 같았다. 물론 그 주장이 맞고 안 맞고를 떠나 표현 방식에서 감정 기복이 없다는 말이다. 그리고 상대방과의 입장 차이가 많이 난다고 느끼면 그날은 입장 차이만 서로 확인하고 마친다. 기론을 더 이상 진행하지 않고 다음에 만날 수 있도록 마무리를 하는 것이다. 논쟁이 격화되면 이성적 판단보다 감정이 앞서기 때문이다. 또 다음에 만나 조금 더 발전된 생각 또는 논리로 서로의 주장을 해 나가는 것이다. 이렇게 조금씩 조금씩 나아가는 것이 일본인의 방식인 것이다.

감정 표현을 잘하지 않는다는 점은 논쟁을 할 때 매우 중요한 기술인 것 같다. 왜냐하면 논쟁은 이성적 판단으로 해야 하는데 감정이 앞서면 올바른 이성적 판단을 하기 어려워지기 때문이다. 내가 받은 일본인의 논쟁 방식은 조용하면서 절제된 감정으로 상대방의 의견을 수렴하는 가운데 자신의 주장을 끊임없이, 정말 끊임없이 펼쳐 나가는 것이다. 게다가 담판을 짓기보다는 아주 지치도록 길게 가더라도 충분한 의논을 해서 최대한 많은 사람들이 공감할 수 있도록 해결책을 도출하는 것이다. 예를 들면 의견이 극명하게 달라도 그 의견을 좁혀 나가기 위해 계속 만남의 여지를 두고 마무리하고, 또 다음 만남을 이어 가는 것이다.

최근 일본에서는 5%의 소비세(우리의 부가가치세)를 2014년 4월 8%로 인상하였다(2024년 현재는 10%). 당시 아베 총리는 소비세 인상을 확정 짓기 위해 '유식자회의(有識者会議)'라는 곳에서 소비세 인상의 타당성에 대해 기론을 시켰다. 유식자회의는 각계를 대표하는 학자, 실무경험자들로 구성되어 정부나 지방자치단체 등에 자문하는 회의체이다. 소비세 인상을 해야 한다는 사람과 반대하는 사람들의 의견 차이를 좁혀 최대한의 공감대를 형성하기 위해 계속 기론을 시킨 것이다. 이것이 바로 일본 스타일이다. 결국 소비세 인상은 이미 마음속에 정해져 있는데, 최대한 입장 차이를 좁혀서 실시하기 위해 기론을 계속 시킨 것이다. 이를 위해 유식자회의 산하 모임에서는 얼마나 많이 기론을 했을까 상상이 간다.

우리 입장에서 일본의 기론(議論) 문화를 보면 좀 강력한 리더십이 부족한 것처럼 보일 수도 있다. 강력한 오피니언 리더가 있어서 빨리 결정을 하고 따르라고 하면 되지 않을까. 어차피 모든 결정에는 반대가 있기 마련이고 반대하는 소수까지 다 포용하고 설득하기에는 시간이 너무 많이 걸린다고 느낄 수 있다. 그러나 시간이 걸리더라도 입장 차이를 좁히는 것이 일본 스타일이다. 결정하기 전에 밑에서부터 우선 모든 합의를 이끌어 내기 때문에 시간이 많이 걸리는 것이다. 우리가 일본과 무엇을 하려고 하면 시간이 많이 걸려 답답하다고 하는 이유가 바로 여기에 있다.

한국인은 너무 쉽게 감정이 격해진다고 일본인들은 말한다. 사실 일본 정치인들이 역사 인식에 대해 발언을 하면 우리는 매우 감정이 격해진다. 그럴 수밖에 없다는 것은 충분히 이해가 간다. 그런데 일본인 입장에서는 이해가 안 가는 것이다. 우리가 감정이 격해져 한마디 대응을 하면 그 뒤로는 말이 없는 것이다. 그러면 우리는 '이제 알아들었겠지'라고 생각하며 잊고 있는데, 또 시간이 지나면 일본 정치인이 한마디 툭 던지는 것이다. 그래서 잊을 만하면 한일 역사문제가 흘러나와 서로의 관계가 불편해지는 것이 반복되고 있다.

여기서 생각해 보면 일본인은 감정이 격해지면 논쟁을 멈추고 다음번을 기약한다. 그렇게 계속 만나서 논쟁해 나가는 가운데 입장 차이를 좁히려고 하는 것이 일본인의 기본적인 생각이다. 그러나 우리는 과거의 아픔이 있어서 우선 감정적으로 대응을 한다. 그러면 일단 좀 누그러진다. 이 시점에서 일본인은, 서로가 잠시 논쟁을 멈추고 생각할 수 있는 시간을 갖는다고 생각하지만, 우리는 우리의 감정 폭발에 대해 일본인이 어떤 대응도 없으니 일단락된 것이라 생각해 버린다. 여기서 한일 간의 논쟁 차이가 있는 것이다. 일본인은 '전번에는 한국인이 감정이 격해져서 시간을 가졌으니 이제 좀 더 발전적인 대화를 해 볼까'라고 생각해서 말을 건다. 그런데 우리가 생각하는 것은 '정말 잊을 만하면 또 이야기를 꺼내네. 그때 일단락된 것 아닌가' 하면서 대응을 한다. 이런 반복이 수십 년간 이어져 왔다.

아는 지인이 정말 몰라서 나에게 물어본다며 한국인은 왜 감정이 앞서냐고 한다. 입장 차이를 확인했으면 그다음은 자주 만나서 대화를 해야 하지 않느냐고 한다. 그리고 감정이 앞선 상태에서는 대화 자체가 안 되지 않느냐고 한다. 그때 나는 이렇게 이야기해 주었다. 토론의 자세로는 맞는 말이지만, 감정을 조금이나마 치유시킨 다음 이성적 대화를 기대해야 하지 않을까라고 말이다. 그리고 우리들도 감정을 너무 앞세우기보다는 감정을 억누르고 좀 더 냉철한 판단을 키워 나가야 할 시점인 것 같다. 생활 속 소모임의 활동과 건전한 토론 문화의 육성을 통해 이성적 판단력과 논리적 대응력을 키워 나가야만 한다. 지금까지는 전 세계인에게 우리의 입장을 감정으로 호소했다면 이제부터는 좀 더 논리적으로 설득해야 할 시기이기 때문이다. 우리 한국인은 일본보다는 좀 더 강력한 리더십이 있는 것 같다. 따라서 무엇이든 일본보다는 좀 더 빨리 결정하고 진행할 수 있는 장점을 가지고 있다. 여기에 토론 문화를 육성하여 좀 더 논리적 대응력을 키워 나간다면 그동안 답보 상태였던 많은 문제들의 실마리를 찾을 수 있을 것이다. 나아가 한일 관계에 있어서도 새로운 지평이 열릴 것이다.

기록하고 남기는
일본

<u>일본은 많은 부분에서 기록으로 남겨 매뉴얼화해 놓는 경향이 있다.
그리고 특히 새로운 실패 사례는
지속적으로 매뉴얼에 반영을 해 나간다.
타국의 사건 발생 현장이지만 그곳에서 또 자세히 기록하고
연구해서 일본에 적용하고 연구 기록을 후대를 위해 지속적으로
남기는 자세는 상당히 배울 점이 많은 것 같다.</u>

2000년대 초반부터 일본으로 벤치마킹을 많이 다녔다. 아마도 당시에 한국의 증권업계 전체에서 주로 일본 증권사들을 벤치마킹하는 것이 유행인 듯할 때였다. 일본이 한국보다 10년 이상은 앞선다고 보고 상품, 조직 구성, 영업 전략 등 금융에 있어서 배울 점을 살펴보자는 것이 그 목적이었다. 당시 한국의 증권사들이 얼마나 많이 갔으면 일본의 한 대형증권사는 한국에서 오는 벤치마킹 때문에 일상적인 업무를 못 할 지경이라고까지 불만을 토로한 적도 있었다. 급기야 일본의 한 대형증권사는

본사 차원으로 한국에서 오는 벤치마킹에 대한 응대를 자제하도록 방침을 정했다고 하니 한국 증권회사들이 얼마나 자주 일본을 방문했는지 느낄 수 있는 대목이다. 그런데도 우리나라 증권사들은 퇴직연금 도입 때도 그랬고, 은퇴자 대상 상품, 적립식 상품, 저금리시대 생존 전략, 고령화 전략 등 줄기차게 일본 증권사를 벤치마킹하러 다녔다.

이런 분위기 가운데 한번은 일본의 한 증권사에서 근무하는 친한 일본인 지인이 이런 얘기를 하는 것이다. "한국 증권사들은 일본으로 벤치마킹을 온 후에 그 내용을 기록으로 남기지 않는 모양이다. 벤치마킹 오는 사람만 다를 뿐이지 10년 전이나 지금이나 질문 내용은 똑같은 것 같다."라고 말이다. 사실 이 말을 들었을 때 충격이었다. 한국 증권사들의 벤치마킹 행태뿐만 아니라 한국인의 부족한 부분을 정확히 지적한 것 같은 느낌이었다. 기록이라 함은 글로 남겨서 보존하고 관리해서 다음 사람에게 이어지도록 해야 한다. 그러나 사실 벤치마킹을 다녀오면 결과 보고를 하기 때문에 문서로 만들기는 하지만 정확히 거기까지다. 그다음은 보존과 관리 문제가 남는데, 이 부분이 제대로 안 되기 때문에 기록을 해 두어도 어디 있는지, 누가 가지고 있는지 못 찾게 되는 것이다. 그래서 담당자가 바뀌면 처음부터 다시 벤치마킹을 해야 하고 또다시 가더라도 똑같은 질문만 하게 되는 것이다.

대학원 1학년 때의 일이다. 친하게 지낸 박사과정 일본인 친구가 있었는데 한번은 내가 논문 쓸 걱정에 고민을 하고 있으니 그 친구가 자신이 석사과정 때 썼던 논문 작성 일지와 노트를 한번 읽어 보라며 빌려준 적이 있었다. 본인이 논문 작성을 위해 매일 읽고 정리했던 논문 요약과 코멘트 등이 있었고 또 논문을 준비하면서 어려웠던 점이라든지 고민했던 점, 그리고 해결했던 과정 등을 일지 형식으로 자세히 적어 놓았던 노트였다. 본인이 박사과정에 들어오면서 시행착오를 겪지 않으려고 준비했던 것이라고 한다. 또 후배가 들어오면 석사과정 때 본인의 시행착오를 참고삼아 더욱 연구에 몰두할 수 있도록 하기 위해 기록을 남겼다고 한다. 우리는 보통 졸업할 때 연구 결과물인 논문만 남기는 경우가 대부분이다. 그러나 어떤 식으로든 그 과정과 코멘트 등의 기록을 남긴다면 똑같은 시행착오를 겪지 않을 수 있고 또 시행착오를 바탕으로 하기 때문에 그다음 단계부터 연구할 수 있을 것이다.

회사에서 담당 업무가 바뀌는 경우, 대부분 인수인계를 하게 되는데, 단 며칠간 선임이 후임을 가르친다고 해서 모든 것을 다 알려 줄 수는 없는 노릇이다. 후임은 또다시 선임이 했던 시행착오를 겪을 수밖에 없고 주위 사람들은 당연히 그렇게 하면서 크는 것이라고 생각한다. 기록으로 꼼꼼히 남겨 후임에게 전달되었다면 똑같은 시행착오로 인한 시간 낭비는 줄일 수 있을 것이다.

일본은 많은 부분에서 기록으로 남겨 매뉴얼화해 놓는 경향이 있다. 그리고 특히 새로운 실패 사례는 지속적으로 매뉴얼에 반영을 해 나간다. 계속 그렇게 반영해 나가다 보면 생각할 수 있는 대부분의 시행착오는 거의 다 매뉴얼에 반영이 된다. 따라서 똑같은 시행착오가 반복되는 일은 그리 많지가 않다.

이에 반해 우리는 담당자 본인의 머릿속에만 남겨 두는 경향이 많은 것 같다. 그리고 매뉴얼을 만들었더라도 유지 관리가 잘되지 않는 것이 대부분일 것이다.

한 언론에서, 조선시대 정유재란 때 울산의 도산성(현 울산 왜성)에서 조선, 명나라 연합군과 일본 왜군 사이에 벌어진 전투 상황을 그린 〈도산전투도〉라는 그림에 대해 보도한 적이 있다. 〈도산전투도〉는 당시 일본인이 그린 그림으로 현재 일본에 남아 있다고 한다. 그 그림을 울산시 차원에서 구입하려는데 논란이 되고 있다는 내용이었다. 이 보도를 보며 잠깐 스치는 생각이 있었다. 우리나라 울산에서 벌어진 전투인데 일본은 그림으로 기록하여 남겼고 우리는 왜 남기지 않았을까. 약간 의문이 들기도 하고 또 안타깝기도 하였다. 물론 우리가 고전한 전투라서 그럴 수도 있지만 실패를 후대에 자세히 남겨 똑같은 실패를 하지 않도록 하는 것이 올바르지 않을까라는 생각이 들었다.

일본이 무엇이든 배우고 기록하고 연구하고 보존하려는 점은 높이 평가해야 한다. 2003년 발생한 대구 지하철 참사 때, 일본의 소방 관련 연구원들이 대구 사고 현장에 왔다는 당시 뉴스를 본 적이 있다. 뉴스를 보다가 '역시 일본인이구나'라고 느꼈다. 왜냐하면 조사 연구할 필요성이 있다든지, 신기술을 받아들인다든지 하는 데에는 정말 발 빠르게 움직이기 때문이다. 또한 배우려고 한다면 무릎을 꿇는 한이 있어도 반드시 배우려고 하는 성향이 있다. 가서 직접 보고, 조사하고, 기록으로 남기고 또 연구하려는 그들의 본능은 숨길 수가 없는 것 같다는 생각이 들었다. 타국의 사건 발생 현장이지만 그곳에서 또 자세히 기록하고 연구해서 일본에 적용하고 연구기록을 후대를 위해 지속적으로 남기는 자세는 상당히 배울 점이 많은 것 같다. 얼마 전 《월간조선》에서 당시 연구원으로 왔던 일본인을 인터뷰한 기사를 보았다. 그들이 대구 지하철 참사를 보고 일본에 돌아가서 연구한 것이 지하철 화재 시 연기가 어떻게 움직이는지, 연기 제어 기술로 피난 경로를 안전하게 지킬 수 있는지 그리고 지하철 화재 시 소방관들이 느끼는 피로도 등이라고 한다. 그리고 또 연구 실험을 통해 실험 과정을 꼼꼼히 기록으로 남겼으니 과연 일본인이라는 생각이 들었다. 그들은 인터뷰에서 "사실 관계는 꼭 기록으로 남겨, 향후 방재 대책이나 재발 방지에 도움이 됐으면 한다. 이론과 실험으로 예측할 수 없는 일이 수없이 일어나지만, 그런 문제는 조사보고서로 밝히지 않으면, 언제까지나 반복된다."라고 강조하였다. 이 인터뷰 기사를 보면 일본인이 일에 대해 어떤 자세로 임하는지 또 기록을 남기는 목적이 무엇인지 등을 잘 알 수 있다.

인류 최고의 발명품으로 문자를 꼽는다. 문자가 있었기에 인류는 발전을 할 수가 있었다. 기록으로 남겨 후대에 전달해 왔기에 인류 문화는 발전할 수가 있었다. 마찬가지로 국가든 사회든 조직이든 개인이든 지속적으로 발전하려면 기록으로 남겨서 반복적인 시행착오로 인한 시간 낭비는 하지 말아야 한다. 반복적인 시행착오를 겪는 그 시간에 차라리 창의적인 상상을 한다면 더 발전적이지 않을까. 성공 사례이든 실패 사례이든 간에 그 모든 것을 기록으로 남기려는 노력은 다음 사람 또는 다음 세대가 그 기록을 바탕으로 더욱 발전할 수 있는 기회가 될 것이다. 서로의 미래를 위해서라도 배울 것은 배워야 한다. 앙금의 벽이 배움과 가르침을 가로막아서는 안 될 것이다.

모순이 융화되는
일본 문화

<u>일본은 모순처럼 보이는 것이 그대로 받아들여져
그들의 문화 틀 속으로 융화시키는 면이 있다.
즉 그 모순조차도 그들의 문화로 느낀다는 것이다.
다양한 개성이 존중되어 자유분방하게 보이기도 하지만
또 한편으로는 조직의 화합, 질서가 암묵적으로
강요되는 듯한 면이 공존한다.
즉 모순이지만 이러한 모순 자체가 융화되는 문화가 일본이다.</u>

일본을 보면 이해가 잘 안 된다고 말하는 사람들이 있다. 전통을 중시하는 보수적인 면이 강한가 하면 젊은 층을 보면 또 그렇지도 않은 것도 같고, 우리에게 잘 알려져 있듯이 매우 검소한 것 같으면서도 명품을 즐기는 사치스러운 면도 강하다. 또 뼈에 사무치도록 원수지간이 될 것 같으면서도 한순간에 순종적으로 바뀌는 면도 있고, 《국화와 칼》의 저자인 루스 베네딕트가 말하는 것처럼 국화(평화)를 사랑하면서도 칼(전쟁)을 숭상

하는 면도 있다.

일본은 도대체가 모순처럼 보이는 것이 그대로 받아들여져 그들의 문화 틀 속으로 융화시키는 면이 있다. 즉 우리의 시각으로 보았을 때 모순처럼 느껴지더라도 그들은 그것을 모순이라 느끼지 않고 그 모순조차도 그들의 문화로 느낀다는 것이다.

우선 그 예를 한번 들어 보면, 전통을 중시하며 보수적인 성향이 강하지만 또 한편으로는 너무나도 자유분방한 모습에서 찾을 수 있다. 국가라는 전체 조직에서 보면 개개인의 개성은 억제되는 듯 보이지만, 섬세하게 짜인 조직의 틀을 벗어나지 않는 범위에서 개인의 개성은 매우 자유롭게 표현된다. 일본에서는 미국 문화를 따라 하는 것이 한때 유행이었던 시절도 있었고 여전히 미국 문화를 좇아가는 젊은이들이 많이 있다. 1990년대 중반 일본에 가서 받은 첫 느낌이 젊은이들은 매우 자유분방하다는 것이었다. 노랗게 머리에 물을 들이고 축 늘려 입은 청바지에 체인을 감고 다니거나, 가죽 재킷을 입고 오토바이를 즐긴다거나 남녀 중고등학생들이 길거리에서 흡연을 즐기는 등 엄격한 전통에 억눌린 모습은 찾아 볼 수 없을 정도로 자유분방함이 느껴졌다. 당시 주말에 젊음의 거리인 하라주쿠(原宿)를 가면 온 거리에서 온갖 별의별 분장을 하고 다니거나 여러 그룹사운드들이 음악을 연주하기도 하고 또 여럿이서 음악에 맞추어 춤을 추기도 하던 때였다. 지금도 젊은이들의 자유분방함에 있어서는 그다지 변하지 않은 것 같다. 일본인들은 본인이 옷을 어떻게 입든 머리 스타일을 어떻게 하든 남한테 피해만 주지 않으면 괜찮다고 생각한다. 그리고 그렇게 하고 다니는 사람도 그다지 남의 눈을 의식하지는 않는다. 자기가 편하고 자기의 개성을 나타내는 것이 자기의 스타일이면 그것으로 충분하다고 생각하는 것이다. 일본 사회는 그 집단이나 조직을 위해 개개인의 개성이나 자유를 알게 모르게 억제하는 경향이 강하지만 개개인이 누릴 수 있는 한도 내에서는 다른 사람들의 눈치를 보지 않고 본인의 개성을 마음껏 나타낸다고 할 수 있다. 예를 들면 일본 초등학생들은 전부 란도셀이라는 가방을 메고 다닌다.

란도셀(좌), 취업 활동 복장(우)[12]

초등학생은 반드시 란도셀 가방을 메고 다니라는 규정은 어디에도 없다. 규정이 없지만 수십 년간 초등학생 가방은 전부 란도셀이다. 또 대학 졸업을 앞두고 취업 활동을 하는 학생들을

---

12 본 초등학생들은 전부 란도셀이라는 가방을 메고 다닌다.

보면 남자든 여자든 전부 흰색 셔츠에 검정색 정장을 입고 다닌다. 마치 취업생 유니폼 같은 느낌마저 준다. 누가 시켜서 그렇게 입는 것은 아니다. 그렇지만 모두들 똑같이 입는다. 2010년 중반부터인지 한국 취준생도 일본과 비슷한 통일된 복장으로 면접을 다니고 있다.

왜 이러는 것일까. 일본을 생각하면 다양한 개성이 존중되어 어떻게 보면 매우 자유분방하게 보이기도 하지만 또 한편으로는 조직의 화합, 질서가 암묵적으로 강요되는 듯한 면이 공존한다. 즉 모순이지만 이러한 모순 자체가 융화되는 문화가 일본이다. 사회라는 집단주의의 큰 틀에서는 화합, 질서를 요구하고 또 각 개인도 그러한 집단주의의 틀에 어긋나는 행동을 하지 않으려는 것이다. 그러나 한편으로는 그 집단의 화합, 조화, 질서 등을 깨지 않는 범위 내에서는 자유를 마음껏 분출하더라도 상관하지 않는다고 보면 된다. 큰 틀은 화합, 조화, 질서이고, 그 틀 안에서도 각 개개인에게 민폐를 끼치지 않는 범위에서 자유가 인정된다. 이러한 좁은 범위 내에서 개인의 자유를 만끽하려고 하기 때문에 다른 사람이 어떻게 생각할지 눈치를 보지 않는다.

이러한 모순이 융화되는 문화는 현재의 일본 곳곳에서 많이 볼 수 있다. 한국인이 보는 일본인의 생활에 대한 이미지는 검소함이다. 잘사는 나라라고 알려진 것에 비해 일본 국민들은 정말 검소하다고 느껴진다. 이렇게 생각하는 배경에는 아마도 한국인들은 남에게 보이기 위해 꾸미는 경향이 있는 반면 일본인은 실제 필요한 것만 구입하고 또한 물건을 잘 버리지 않고 고쳐 쓰는 습관이 몸에 배어 있기 때문이다. 일본의 검소함은 누가 뭐래도 최고 수준이지만 반대로 명품 브랜드 선호에서도 그 또한 세계 최고 수준이다. 브랜드가 밖으로 드러나지 않게 남이 알 듯 모를 듯 하게 명품을 사용한다. 일본 번화가인 긴자(銀座)나 오피스거리인 도쿄역 근처를 가 보면 옷차림이 화려하지 않고 수수한 편이다. 색상이나 스타일이 튀지 않고 잔잔한 분위기라 어떻게 보면 검소하게 보일 수도 있지만 따져 보면 고가 브랜드일 가능성도 크다. 실제로도 일본인은 매우 검소한 편이지만 그 이면에는 일본이 세계 최고 럭셔리 브랜드 시장이라 불리는 모순도 함께 있다.

또한 주택, 부동산에서도 모순이 융화되는 것을 찾아 볼 수 있다. 한 예로 일본의 일반 주택을 보면 자그마하고 아기자기하게 한눈에 보아도 오래되었다는 것을 알 수 있는 주택들이 참 많이 있다. 얼마나 닦고 다듬고 수리했으면 앞으로도 십수 년은 더 사용할 수 있을 정도로 관리도 잘되어 있다. 우리나라처럼 한 20년만 넘으면 리모델링이나 재건축하려고 들썩이는 것과는 반대이다. 규모도 작은 데다 집 안의 수납공간이라든지 화장실 및 욕조 등을 보더라도 정말 검소하구나 하는 생각이 들지만, 또 다른 한편에서 신축되고 있는 건물을 보면 엄청난 규모와 화려함에 놀랄 정도다.

일본어로 쿠야시이(悔しい)라는 말이 있다. 뉘우칠 회(悔) 자를 사용한 형용사이다. 한자의 뜻은 '뉘우치다', '스스로 꾸짖다', '한이 맺히다' 등이며 주로 '분하다'리는 뜻으로 일본에서 사용된다. 예를 들면 스포츠 경기에서 졌을 때 '쿠야시이'라는 말을 자주 한다. 시합에 져서 '분하다'라고 말하는 뜻 안에는 더욱 열심히 단련하지 못한 자신에 대한 뉘우침이 깔려 있는 말이기도 하다. 태평양 전쟁에서 미국의 원자폭탄에 일본은 패망했다. 그 바로 직전까지만 하더라도 가미카제(神風) 특공대로 몸을 던져 공격하던 일본이었기에 쿠야시이(悔しい)한 기분이 엄청 남아 있었을 것이다. 게다가 명예를 목숨보다 소중히 여겨 온 그들에게 불명예 패전을 안겨 주었기에 분한(쿠야시이) 마음은 더욱 심했을 것이다. 이러한 사실을 바탕으로 본다면 미국은 그들에게 아주 오랜 세월 철천지원수 사이로 남아야 하는데, 패전 후 하루아침에 전체 분위기가 쇄신되어 미국을 인정하고 받아들였다. 물론 패전하면 승전국의 간섭을 받는 것은 당연하지만, 바로 어제의 적대국이 하루아침에 동맹국이 되어 버리는 그 신속한 변화는 아마도 그들 역사나 의식 등에 비추어 보면 모순처럼 보인다. 그러나 일본인은 그것을 모순처럼 느끼지는 않는다. 그것 자체도 그들의 문화로 느끼기 때문이다.

어느 나라든 그 문화나 사회적인 행동에 조금씩은 모순이 있기 마련이지만, 일본은 그러한 모순이 그 문화 속에서 융화되어 잘 받아들여지는 것 같다. 보수주의로 따지면 둘째가라면 서러

워할 정도로 보수적인 일본에서 다른 나라의 문화를 잘 받아들이다는 점 또한 모순이라면 모순이다. 그렇지만 그대로 받아들이는 것이 아니라 일본 문화라는 틀 속에서 융화시켜, 즉 그들에게 맞게 바꾸어서 받아들이는 경향이 강하다. 그래서 다시 일본 문화로 재탄생시키는 것이다.

그러면 이렇게 쉽게 모순이 융화되는 이유는 무엇일까. 그것은 그들이 모순을 더 이상 모순으로 생각하지 않기 때문이다. 우리들 눈에 모순이라고 보이는 것이 일본인들은 또 하나의 문화로 받아들여 인식하거나 또는 바꿔 나가기 때문이다. 예를 들면 전체적인 문화는 검소함이라는 색채를 띠면서도 20~30대 젊은 여성의 명품 브랜드 선호를 사치라기보다는 그 자체를 하나의 젊은 여성의 문화로 받아들인다는 것이다. 그래서 그 속에 있는 20~30대 여성은 많은 여성들이 명품을 선호하니까 따라 하는 것에 대한 거부감 없이 그들의 문화로서 받아들이는 것이다. 소득 격차에 따라 명품 소비가 나뉘는 것보다 오히려 집단주의의 행동 양식으로 또 다른 문화가 만들어진 것이다. 우리는 가끔 무분별한 고가 명품 소비를 하는 젊은 여성을 된장녀라고 지칭하며 알게 모르게 비난을 하곤 한다. 일본에서는 그러한 젊은 여성의 고가 소비 행태를 20~30대의 또 다른 문화로 받아들여 일본 문화 속에 융화시킨다는 점이 우리나라와 약간 차이가 나는 부분이다.

한국과 일본, 어느 나라의 문화가 맞고 틀린다는 그런 말이 아니라 각각의 나라가 그들 문화를 어떻게 형성해 가는가라는 관점에서 일본은 모순을 융화시켜 나가는 경향이 좀 더 강하다는 말이다. 이러한 차이점을 안다는 것은 일본의 문화를 이해하는 데 도움이 된다. 우리나라의 잣대로 보면 분명 그들은 모순점이 많지만, 그들의 잣대에서 보면 평범한 일상적인 문화에 해당될 수 있기 때문이다. 일본의 잣대로 보았을 때 한국도 모순이 있을 수도 있을 것이다. 서로의 모순점조차 서로의 문화, 사고방식으로 받아들여 함께 나아가는 것이 중요하지 않을까?

일본인의 노후대책은
"연금, 저축 그리고 자기 집"

일본의 소득대체율은 60% 이상이다.
연금 부족분을 저축으로 채우기 위해 열심히 저축을 한다.
연금과 저축을 통해 실버층이 노후에 사용할 수 있는 금액은
은퇴 전에 받던 금액의 약 80% 수준까지 된다고 한다.
여기에 자기 집만 있다면 노후 생활을 즐기기에
그다지 걱정이 없을 것 같다.

　　일본은 세계에서 가장 고령자가 많은 나라이다. 2023년 전체 인구의 약 28%, 즉 4명 중 1명은 65세 이상 노인이다. 한국이 5명 중 1명 정도인 18%를 차지하고 있고, 이는 2000년경 일본의 상황과 비슷하니, 확실히 일본은 세계 최고 수준의 고령화 사회임은 틀림없는 것 같다. 그래서 그런지 실버산업이 많이 발달해 있다. 우리나라도 실버타운, 요양시설 등 고령화에 대비를 하고 있지만 일본은 확실히 우리보다 먼저 고령화 사회를 겪고 있다. 현재의 일본 노인층을 보면 우리나라의 향후 고령화 사회

를 가늠해 볼 수 있을 것이다.

1990년 중반에 일본 전철역 근처를 지나다 보면 휴대용 휴지를 홍보물로 많이 나눠 주었다. 당시에 홍보용 휴지 중에서 눈길을 끌던 것이 실버타운인데, 그것도 동남아시아에 있는 실버타운이었다. 재산이 좀 있는 노인들은 일본 국내에 있는 실버타운을 가지만 그렇지 못한 노인을 대상으로 필리핀, 태국 등 동남아시아에 지은 실버타운을 홍보하는 것이었다. 싼 비용으로 동남아시아에 실버타운을 지어 일본 노인들에게만 분양하면 마치 일본에 있는 것과 다름없다며 홍보를 했던 기억이 난다. 재산이 어느 정도 있는 노인들은 그다지 상관없지만, 그렇지 못한 노인층은 연금만으로 일본 내에서 살아가기란 좀 빠듯해서 차라리 물가가 싼 동남아시아로 가면 여유롭게 노후를 즐길 수 있고 또 일본인끼리 살기 때문에 일본에서 생활하는 것이나 다름없는 것처럼 느낄 수 있다는 것이다. 한때 그런 동남아시아로 이주하던 노인층이 꽤 있었다.

그런데 2000년대 들어서면서부터 동남아시아 실버타운으로 나갔던 노인들이 다시 일본으로 돌아왔다. 역시 살아 보니 아무리 좋은 외국이라도 외국은 타국이고, 빠듯하게 살아도 자기 고국이 좋다는 것이다.

실버산업이 발달한 일본 노인들에게 실버타운, 요양시설은 어떤 느낌일까. 그다지 가고 싶다고 느끼는 정도는 아닌 것 같다. 몸이 아파 어쩔 수 없을 경우에는 요양시설을 이용하지만 그렇지 않을 경우에는 대부분 자기 집에서 노후를 보내고 싶다고 한다. 물론 자기 집이 가장 편하기 때문인 것도 있지만 가족들, 젊은 층, 마을공동체 등 다양한 계층과 소통을 하면서 지내고 싶은 것이다. 일본의 60대 이상 자기 집 보유율이 90% 정도로 매우 높은 것도 이러한 의지가 반영되었기 때문이다.

　일본인은 노후 대책을 대부분 연금과 저축 그리고 자기 집으로 준비를 한다. 일본 후생노동성의 2019년 재정검정결과에 따르면, 일본의 소득대체율(은퇴 전의 평균 소득 대비 연금 수령액의 비율)은 61.7%라고 한다. 은퇴 전 벌던 소득의 60% 수준을 연금으로 받기 때문에 연금만으로는 여유로운 노후 생활을 하기에 부족할 수 있지만 일상생활 정도는 할 수 있을 정도이다. 그래서 연금부족분을 저축으로 채우기 위해 젊어서부터 열심히 저축을 해 온다. 저축이 충분하지 않은 사람은 자기 집을 담보로 대출을 받아 사용하고, 사후에 은행에서 그 집을 처분하고 남는 것은 자녀들에게 상속하는 방법을 택하기도 한다. 일본 내각부의 자료에 따르면, 연금과 저축을 통해 실버층이 노후에 사용할 수 있는 금액은 은퇴 전에 받던 금액의 약 80% 수준까지 된다고 한다. 여기에 자기 집만 있다면 월세 나갈 걱정은 전혀 없기 때문에, 노후 생활을 즐기기에 그다지 걱정이 없을 것 같다. 자기 집이 있고 연금과 저축이 있다면 노후가 무슨 걱정이겠는가. 그래서 일본의 60대 이상 자기 집 보유율이 90% 정도로 높은 것이다. 나이가 들수록 자기 집 구입은 증가한다는 말이다.

일본에서 순금융 자산이 가장 많은 층은 대부분 60~70대이다. 자기 집도 보유하고 있어 월세도 나가지 않고 또 노후를 위한 저축도 있기 때문에 자산이 많은 것이다.

연령대별 저축 및 부채 현재 잔액(2022년, 만 엔)

	40대 미만	40~49세	50~59세	60~69세	70세 이상
저축	812	1,160	1,828	2,458	2,411
부채	1,469	1,226	620	207	90
부채 보유 비율	58.2%	66.1%	51.4%	27.2%	12.2%

주) 총무성

2022년 총무성의 가계 조사에 따르면 연령대별 평균 저축 자산은, 40대는 1억 1,600만 원, 50대는 1억 1,800만 원 정도인 데 반해, 60대와 70대는 각각 2억 4,000만 원 이상으로 매우 높은 편이다. 게다가 60대와 70대의 부채 금액을 보면 각각 2,070만 원, 900만 원 정도로 매우 적다. 그래서 일본의 가계 금융 자산 2,100조 엔 중에서 60세 이상 고령층의 자산이 무려 1,300조 엔이 넘는 63% 정도나 차지하고 있다. 이렇게 노인층의 자산이 많다 보니 이런 노인층의 지갑을 좀 열게 하려고, 용어에 있어서도 '노인'보다는 '실버'라고 부르며 자산가인 실버층을 타깃으로 하는 마케팅이 일본에서는 활발하다. 백화점에서는 실버층의 쇼핑을 돕기 위해 구석구석 쉴 수 있는 공간을 좀 더 확보

한다든지, 스포츠센터에서는 실버층 교실을 확대하여 편안하게 건강관리를 하도록 하고 있다. 최근에는 동내에 24시간 헬스장이 늘어나고 있다. 또한 젊은 층이 선호하는 프랜차이즈 커피점이 아닌 편안하게 담배도 피우고 천천히 신문을 볼 수 있는 체인화된 커피숍, 평일 낮 시간대에 식사도 하며 즐길 수 있는 노래방 등도 결국 실버층 고객을 확대하기 위한 마케팅의 한 방법이다. 그러나 어느 나라든 노인층은 인생의 산전수전을 다 겪은 백전노장이라 그리 쉽게 지갑을 열지는 않는다. 2010년경 일본에서도 실버산업의 확대를 기대했지만 노인층의 소비가 그다지 늘지는 않았다. 노인들은 대부분 연금과 본인 저축으로 생활하기 때문에 꼭 필요한 곳 외에는 소비를 하지 않는 습관이 있었다.

 2010년 초중반 즈음 일본에서 65세 이상 연령을 대상으로 조사한 바에 따르면 노인들이 소비를 하는 데 큰돈을 지불하는 경우는 본인의 건강과 주택 리모델링할 때였다. 본인의 병 치료, 간병, 또는 건강을 지키기 위해서는 흔쾌히 소비를 하는 경향이 있고, 또 노후를 위해 집을 수리한다든지 내부구조를 실버층에 맞게 편리하게 바꾼다든지 등 주택 리모델링에는 큰돈을 쓰는 경향이 있다는 것이다. 그 외에 다른 부분에서는 소비를 많이 하지 않고 대부분 돈을 아껴 두는 것이다. 10년이 흐른 지금은 어떻게 바뀌었을까. 본인 건강과 의료에는 여전히 지출을 아끼지 않고 있고, 추가로 식비와 교제비(사람과의 교류, 외출비 등)에도 많은 돈을 지출하고 있다. 가족과 함께 외식을 하거나,

손주가 좋아하는 활동을 함께하며 돈을 쓴다. 또 건강을 지키기 위한 지출에는 돈을 아끼지 않는 경향이 있어서 24시간 헬스장이 늘어나며 헬스장을 다니는 실버층이 더욱 확대되었다.

일본인은 젊었을 때는 노후 대비를 위해 열심히 저축하고 또 자기 집도 준비한다. 그리고 노인이 되면 자기 집도 있고 연금도 나오고 모아 둔 저축도 좀 있다. 10여 년 전만 하더라도 노인들이 돈을 아껴 자녀들에게 상속을 하겠다는 의지가 강했다. 그런데 근래에는 상속하겠다는 의식이 줄어든 반면 자신의 인생을 즐기는 데 사용하겠다는 의식이 늘어나고 있다. 일본이나 한국이나 역사적 문화적으로 비슷한 점이 많아 사고방식도 비슷한 것 같다.

일본의 재산 상속에 대한 의식 변화

항목	2012년	2023년
무조건 상속	44.7%	20.5%
돌봐 주면 상속	18.1%	9.4%
가업 승계 한다면 상속	2.4%	0.4%
자신의 인생을 즐기기	19.6%	39.6%
사회 환원	1.2%	4.8%
기타	14.0%	25.3%
합계	100%	100%

주) 가계 금융행동에 관한 여론조사

금융광보중앙위원회(金融廣報中央委員會)가 실시한 '가계

의 금융행동에 관한 여론조사' 2012년과 2023년을 보면, 유산에 대해 물어본 결과 2012년에는 무조건 재산을 자녀에게 상속(44.7%), 부모를 보살펴 준다면 상속(18.1%), 그리고 가업을 이어받는다면 상속(2.4%)하겠다고 했다. 아무튼 65%가 상속하려는 생각을 가지고 있다. 그러던 것이 2023년 여론조사 결과를 보면 30.3%만 상속하려는 의식이 있고, 약 40%는 자신의 인생을 즐기겠다는 의식을 가지고 있다. 2010년 초반까지는 실버층의 재산에 대한 인식이 상속에 집중되었기에 실버층에서 자산을 많이 가지고 있어도 그들의 소비는 절제될 수밖에 없다. 물론 필요한 부분에서는 소비를 하지만 사치는 하지 않는다는 것이다. 필요한 부분이라는 것이 건강, 의료, 리모델링 등에 큰돈이 들 것이고 나머지는 취미, 여가 생활 등 일상적인 생활에 필요한 것들이다.

우리나라도 고령화 속도가 만만치 않아서 아마도 곧 일본과 비슷한 고령화 사회가 될 것이다. 앞에서 보다시피 일본은 그래도 가계에 저축 자산이 많아서 연금과 저축으로 노후를 보내는 데 그다지 불편하지는 않다고 한다. 그러나 우리나라는 저축은 고사하고 가계부채가 2023년 말 1,880조 원 규모이다. 실버층의 노후 자금은 자식 뒷바라지로 다 들어가서 빈곤하다는 뉴스가 자주 나오는 현실이다. 빚을 안 지면 다행인 상황이다.

우리나라가 이런 상황으로 치닫게 된 이유가 무엇일까. 아마도 그 원인은 부동산 투자와 사교육일 것이다. 우리는 1990년에서 최근까지 부동산 광풍을 겪었다. 젊은 층에서는 '영끌'까지 유행하며 무리하게 대출을 받아 부동산을 구입했다. 현재 금리가 상승하며 대출 상환에 쪼들려 힘들어하고 있다. 또 한 가지 문제는 사교육이다. 우리나라 사람들의 교육열이 높다는 것은 다들 알 것이다. 그러나 그 교육열이 고등교육을 시키겠다는 열의보다는 좀 변질되어, 2010년 전후에는 영어 열풍에 사로잡혀 버렸다. 조기유학을 보낸다든지 아니면 하다못해 초등학생부터 단기 어학연수를 보내기도 했다. 또한 유치원 때부터 영어 유치원을 보내기도 하고 초등학생에게는 원어민 학원을 보내는 등 사교육에는 빚을 내서라도 악착같이 보냈다. 지금은 조기유학 붐이 잦아들었지만 여전히 사교육비는 엄청나다. 오죽하면 자녀를 낳지 않는 이유가 사교육비가 많이 들어 애 키우기가 엄청 힘들기 때문이란다. 이렇게 등골 휘게 쓰다 보니 저축은 생각지도 못하고 빚을 안 지면 다행인 것이다. 상황이 이러하다 보니 은퇴 후 노후 준비는 제대로 될 수가 없는 노릇이다. 그나마 노후 자금이라고 목돈을 마련해 놓으면 그 또한 자식들에게 내주는 경우도 다반사이다.

　우리나라에서 2023년 현재 국민연금을 받는 사람은 은퇴 전 임금의 47%(소득대체율) 정도를 받도록 설계되어 있다. 이것도 40년을 가입해야만 받을 수 있는 금액이고 가입 기간이 이보다 짧으면 받는 금액은 줄어들어 실제로는 연금이 용돈 수준으로 전락할 수도 있다. 공적연금의 소득대체율이 국제적으로 봐도 낮은 수준이고, 이 외에 가계자산의 약 65% 정도가 부동산으로 되어 있기 때문에 은퇴 후 부동산을 처분해서 실질 소득으로 쓰기에는 아직 어려움이 있다. 그래도 2012년 부동산 비중이 75%에 되었던 것이 10여 년 만에 65%로 낮아진 것은 상당히 시사점이 있다. 최근에는 인구 감소로 젊은 층의 연금가입으로 유도하기 위해, 본인이 낸 만큼만이라도 받아 가도록 한다는 방침이라 이슈가 되고 있다. 그래서 퇴직연금, 개인연금 등에 가입하여 노후를 대비하고 있지만, 노후에 연금만으로는 부족하여 그 부족분을 어디선가에서 보충해야 하는 실정이다. 그 보충역할을 바로 저축이 담당해야 한다.

그러면 저축을 해야 하는데 어떻게 해야 하는가. 답은 한 가지이다. 지금까지의 소비 행태와 의식을 과감하게 바꾸는 것이다. 남들이 하니까 어쩔 수 없이 따라 해야 한다는 인식부터 바꾸어야 한다. 본인에게 맞는 삶이 필요한 것이다. 이 세상에는 하고 싶은 것이 너무 많지만 경제적인 문제로 그것을 다 할 수는 없다. 그렇지만 본인의 경제적인 한계까지 다 소비를 해 버리거나, 무리하게 빚을 내는 경우가 종종 있다. 그래서 저축할 여유가 없는 것이다. 바로 이런 소비 행태와 소비의식, 이것만 바꾸더라도 마음의 여유와 경제적인 여유가 생길 것이다. 그렇지 않으면 일상생활뿐만 아니라 노후에도 힘들어질 수밖에 없다. 왜냐하면 얼마 지나지 않아 전세는 사라지고 월세 시대가 도래할 것인데, 벌어서 월세 내고 나면 생활비는 턱없이 부족해져 더욱 더 힘들어질 것이기 때문이다. 규모도 작고 새 주택이 아니라서 기대에 미치지 못하더라도 우선 자기 집을 마련해 두는 것이 그나마 월세가 나가지 않도록 노후 대비하는 방법이다. 자기 집이 있는 것만으로도 노후 생활에 큰 버팀목이 될 수 있다. 월세가 나가지 않는 것만으로도, 연금이 적더라도 어떻게든 버틸 수 있지 않은가. 자기 집을 마련해 두기 위해서라도 소비 행태를 과감히 바꾸어 저축을 해 나가야 할 것이다.

일본도 연금이 부족하다고들 한다. 그래도 개인 저축이 많아서 우리나라보다는 훨씬 나은 상황이다. 우리는 가계 빚과 사교육비에 허덕이고 있어 저축할 여유가 없다. 남이 하면 나도 한다는 생각과 어차피 부동산이 너무 올라서 집을 못 사니, 그 대신 인생이라도 즐기자는 생각 등 소비의식과 행태가 개선되어야 할 것이다. 이와 동시에 노후 대책으로 저축과 현명한 소비를 권장하는 정부의 길잡이도 필요한 때인 것 같다.

생존 경쟁 중인
일본 골프장

<u>골프장도 이용객 수도 감소 추세로, 일본 골프장은
양극화가 진행되었다.
최고급 회원제 골프장과 대중제 골프장으로 재편되었다.
일본은 젊은 세대들의 골프 치는 비중이 상당히 줄어들었지만
그 줄어든 자리를 60대 그리고 70대 실버들이
메우고 있는 상황이라 버틸 수 있는 것이다.
인구 감소, 고령화로 골프장 감소 추세는 계속될 것이다.</u>

요즘 한국에서도 최근 몇 년 동안 골프장 경영이 어려워 파산하는 경우가 있었다. 그래서 한국에 골프장이 너무 많다는 공급 과잉을 주장하는 사람도 있고 한편으로는 아직은 포화상태가 아니니 더 지어야 한다는 사람도 있는 등 이슈가 되고 있다. 예전에는 골프라고 하면 정말 돈 있고 권력 있는 사람들의 전유물이었고 또 로비, 접대, 비리 등 약간은 부정적인 이미지도 있었지만 요즘 주위를 둘러보면 골프를 취미로 하는 사람들이 상당

히 많아 대중 스포츠로 자리매김하고 있다는 느낌을 받을 것이다.

일본도 골프는 오래전부터 대중화되었고 골프 인구, 골프장 수 등도 대단히 많다. 60대 이상 남성은 산책을 제외하면 골프를 스포츠로 가장 많이 한다. 20대에서 50대의 남성도 산책을 제외하면 볼링 다음으로 많이 하는 스포츠로 골프가 꼽힌다. 90년 당시만 해도 전철 기다리는 시간에도 우산을 쥐고 골프 스윙을 연습하는 중년 남성을 쉽게 볼 수 있었다.

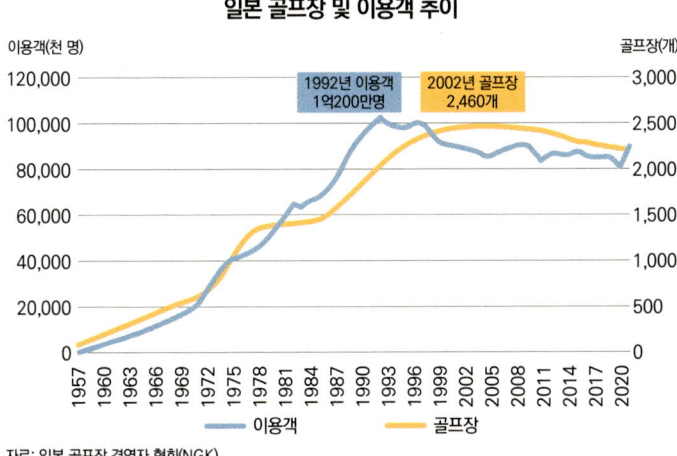

일본 골프장 및 이용객 추이

자료: 일본 골프장 경영자 협회(NGK)

일본의 골프산업에 대해 대략 살펴보면 버블경제기인 1980년 중후반부터 골프장 수가 급격히 증가하는데, 1986년부터 1996년까지 10년 동안 매년 평균 77개의 신규 골프장이 개업하던 시절이었다. 그렇게 증가하던 골프장 수는 2002년 2,460개로 최고점을 기록한 뒤 신규 개업수가 급격히 떨어지며 2016년 골프장 수는 2,383개, 2023년 2,178개로 2002년 이후 현재까지 감소하고 있다. 골프장은 2002년까지 늘어나는 반면 이용객 수는 1992년 연간 총 이용객 수가 1억 200만 명으로 최고점을 기록하고 그 후 지속적으로 감소하여 2011년 8,400만 명, 2023년 코로나 여파로 일시적 증가하여 9,129만 명이 이용하고 있는 수준이다. 간단히 말해 골프장도 이용객 수도 감소 추세에 있어서 골프장 경영이 어려움에 처해져, 파산하기 시작하였다. 법정관리 신청한 골프장이 2002년 한 해에만 98건을 기록하는 등 2001년부터 2005년까지 5년간 평균 한 해에 80건 정도 법정관리를 신청했으니 당시 얼마나 많은 파산 광풍이 불었는지 짐작이 갈 것이다.

    파산의 직접적인 원인은 이용객 수가 감소하여 경영이 악화된 상태에서 입회금을 돌려주지 못했기 때문이었다. 파산 신청한 골프장은 버블경제가 붕괴되던 때인 1991년 이후에 지어진 회원제 골프장이 대부분이었다. 믿기 어렵겠지만 실제로 1990년 당시 골프장 회원권 평균매매 가격이 4억 5,000만 원 정도였는데 2003년 회원권 평균가격은 95% 하락한 3,000만 원 정도였으니 그 충격이 얼마나 대단했는지 알 수 있을 것이다.

    그 이후 골프장은 양극화가 이루어지는데, 주로 수도권을 중심으로 차별화된 서비스를 제공하는 최고급 회원제 골프장과 회원제를 대중제로 바꾼 대중제 골프장으로 재편된다. 당시 싼 값에 일본 골프장을 인수했던 곳이 미국계 투자 금융기관이었다. 이들은 이러한 회원제 골프장을 과감히 미국식으로 바꾸었는데, 캐디도 없이 골프 카트를 직접 몰고 다니도록 하는 등 골프를 싸게 칠 수 있도록 하였다. 결과는 어느 정도 성공적이었는데 성공할 수 있었던 배경에는 아이러니하게도 실버층이 있었기 때문이다. 일본 총무성 통계자료를 보면 1980년대, 1990년대 골프를 가장 많이 쳤던 연령은 25세에서 29세였다. 우리로 따지면 대학 졸업 후 막 입사해서 한 5년 차 정도 되는 연령대이다. 반면 50대부터는 급격히 감소하고 60, 70대에서도 거의 골프를 즐기지 않는 수준이었다. 그러던 것이 골프장이 구조조정 되어 2000년 중반부터 회원제에서 대중제로 바뀌며 싼 가격으로 골프를 칠 수 있게 되어 요즘은 50대와 60대가 가장 많이 치는 것으로 나와 있고 70대에서도 골프를 꽤 즐기고 있다. 일본은 60대 이상이 보유 금융 자산이 가장 많은 것으로 나와 있다. 그리고 은퇴 이후라서 시간도 많고 또 건강에 많은 관심을 보이는 계층이라 이러한 고령층을 타깃으로 한 것일 수도 있다.

 또한 최근 골프장들이 살아남기 위해 그 지역 주민과의 밀착에 더욱 신경 쓰고 있다. 골프장에서 정기적으로 장터가 열리게 해서 지역주민과의 소통의 장으로 이용한다든지 패밀리 식당을 열어 가족 행사를 치를 수 있도록 한다든지 또는 지역 청소년들을 위한 골프교실을 여는 등 문턱을 낮추는 동시에 그 지역 주민과 함께 소통하며 골프장 이용객을 늘려 가는 골프장도 있다. 아무튼 모든 문제가 골프장은 많고 이용객은 줄어드는 현 상황에서 살아남기 위한 노력들이다.

한국의 상황을 한번 보면 2023년 현재 골프장 수가 501개다. 우리나라에 골프장이 501개면 포화 상태라는 주장도 있고 아니라는 주장도 있다. 포화 상태인지 아닌지는 시간이 지나 보면 시장 원리에 따라 자연히 알 수 있겠지만, 현재 시점에서 골프장 구조조정을 겪어 본 일본과 비교해 보는 것도 의미가 있는 것 같다.

한일 골프장 및 이용객 수

항목	2012년			2023년		
	한국	일본	차이	한국	일본	차이
GDP(억 달러)	11,635	59,809	5.1배	16,775	42,601	2.5배
1인당 GDP(달러)	23,600	47,000	2.0배	32,423	33,891	1.0배
인구(만 명)	5,000	12,700	2.5배	5,174	12,570	2.4배
국토면적(km²)	99,720	377,915	3.8배	99,720	377,915	3.8배
골프장 수(18홀 환산)	470	2,413	5.1배	501	2,178	4.3배
이용객(만 명)	2,861	8,432	2.9배	5,058	9,129	1.8배

주) 한국골프산업백서, 일본골프경영자협회 등

우선 2023년 일본의 GDP는 4.2조 달러이고, 한국의 GDP는 1.6조 달러로 경제 규모는 일본이 2.5배 이상 크다. 1인당 GDP는 일본이 3만 3,891달러이고, 한국이 3만 2,423달러로 일본과 비슷하다(그러나 GDP가 달러로 표시되어 엔화 약세 영향으로 일본 GDP가 낮게 표시되는 점을 감안하면, 실제는 1인당 GDP 차이는 1.5배기량 일본이 높을 것으로 추정). 인구는 일본이 1억 2,570만 명, 한국이 5,174만 명으로 일본이 2.4배 많고, 면적을 보면 일본이 한국보다 3.8배 크다.

이런 상황에서 골프장 수는 일본이 2,178개이고 한국이 501개로 4.3배 정도 차이가 난다. 한국과 일본의 인구가 2.4배 차이가 나므로, 골프장 수도 그 비례로 보았을 때 한국도 골프장이 501개가 아닌 1,000개 정도는 있어야지 되지 않느냐고 반론할 수 있다. 그러나 단순히 인구 비례로만 볼 것이 아니라, 전반적인 상황을 놓고 가늠해 보아야 할 것이다. 우선 이용자 수를 보자. 일본의 경우 1992년 1억 명을 돌파하며 최고점을 찍고, 2012년 8,400만 명, 그리고 지금까지 지속적으로 감소해 왔다. 코로나 시기에 잠깐 증가하였지만 전반적인 이용객 수는 감소하고 있다. 물론 골프장 수도 2002년 최고점에서 2012년 2,413개, 그리고 현재 2023년 2,178개로 감소 추세에 있다. 이에 반해 한국은 2012년 골프장 수 470개, 이용자 수 2,861만 명이었던 것이 2023년 골프장 수 501개, 이용자 수 5,058만 명으로 지속 상승해 왔다. 그러면 지금보다 더 증가할 것인지 아니면 지금이 최고점인지가 중요할 것이다.

GDP 대비 골프시장 규모

항목	1992년	1997년	2002년	2020년	2021년	2022년	2023년
일본	0.62%	0.50%	0.41%	0.24%	0.22%	na	na
한국	na	na	na	0.37%	0.39%	0.42%	0.43%

주) 일본골프경영자협회, 한국골프산업백서 등

    GDP 대비 골프시장 규모를 보면 일본의 경우 1992년 62%로 피크였고 그 이후 2021년 0.22% 규모로 계속해서 줄어들고 있다. 반면 한국은 2023년 현재까지 0.43%로 계속 증가세를 보이고 있다. 0.43% 규모는 일본의 2000년~2002년쯤에 해당된다. 일본의 최고점인 0.62%는 1992년으로 버블경제의 여파가 남아 있던 시기라서 골프시장 규모가 높았지만, 한국은 그 정도까지는 올라가지 않을 가능성이 높고, 현재가 최고점이 될 가능성은 높아 보인다. 왜냐하면 물가, 경기, 실업률 등 경제 상황을 감안하면 젊은 세대의 골프장 이용이 만만치가 않을 것이고, 또 2000년 이후 일본도 골프 인구가 줄어들고 있기 때문이다.

    또한 한국도 현재 골프장이 501개이고 연간 총 이용자는 5,058만 명이다. 따라서 골프장 한 개당 연간 총 이용객 수는 10만 명으로, 1988년 일본의 버블 당시 5만 명보다 2배 많은 숫자이다. 여러 상황을 보아도 현재 한국의 골프장 수는 부족한 상태는 아니라고 여겨진다. 위에서 보듯이 경제력(1인당 GDP)을 동일하게 놓고 일본과 한국을 비교했을 때, 한국은 골프장이 더 늘어나면 포화 상태가 될 것 같다.

일본은 젊은 세대들의 골프 치는 비중이 상당히 줄어들었지만 그 줄어든 자리를 60대 그리고 70대 실버들이 메우고 있는 상황이라 골프장이 2,178개나 되어도 버틸 수 있는 것이다.

그러면 한국과 일본에서 골프 치는 데 비용이 얼마나 드는지 단순하게 비교해 보자. 한국은 주말 수도권에서 친다면 1인당 평균 25~35만 원 정도 비용이 든다. 일본도 주말 수도권에서 친다면 1인당 평균 1만 5,000~2만 5,000엔(17~28만 원) 정도 든다. 금액만 보면 한국이나 일본이나 비용이 비슷하게 든다고 생각할 수도 있지만 그렇지는 않다. 일본에서의 골프는 대중이 좀 더 쉽게 다가갈 수 있는 느낌이다. 대중화가 우리보다 좀 더 이루어진 것 같다. 일본과 비교하면 한국에서의 골프 비용은 여전히 비싸게 느껴지고, 대중화되었다고는 하지만 아직까지 부담 없이 쉽게 즐길 수 있는 스포츠는 아닌 것 같다. 그런데 일본에서 수도권을 약간 벗어나 차로 1시간 30분 정도 걸리는 곳에만 가더라도 골프 비용은 1만~1만 5,000엔(11~17만 원) 수준으로 떨어진다. 게다가 경쟁이 붙어서 평일에는 6,900엔(7만 원)짜리도 나오는 실정이다. 또 체인화된 골프장이 등장하여 회원권이 아닌 멤버십 카드만으로 여러 군데 골프장을 이용할 수도 있다. 이렇듯 요즘은 서로 살아남기 위해 파격적인 마케팅을 하고 있는 게 일본 골프업계의 현실이다.

한국 골프장들이 경영 악화로 파산의 위기에 몰려 있다는 언론 보도를 많이 접한다. 골프장은 기본적으로 이용객이 많아야 하는데, 한국의 경우 아직까지 비싸서 그런지 이용객이 그다지 많이 늘어나지는 않는다. 이런 상황에서 골프장 수만 늘어나니 경쟁이 격화되고 있는 것이다.

인구 비례로 일본과 한국의 이용객 비중을 보면, 일본의 경우 총인구 1억 2,700만 명에 현재 연간 골프장 이용객 수가 8,400만 명이므로 총인구 대비 66%가 골프장을 이용하는 규모이다. 한국은 총인구가 5,000만 명에 골프장 이용객 수가 2,800만 명이므로 총인구 대비 56% 정도가 골프장을 이용한다. 이 상황만 보고는 단순히 일본보다 10%(66~56%) 정도 적은 규모이니 향후 이용객이 10%는 늘어나지 않을까라고 기대할 수도 있다.

그러나 현재 상황에서는 골프장 이용객이 늘어날 것 같지는 않다. 그 이유로는 첫째 경제력이 다르기 때문에 일본의 골프장 이용객 비율과 단순히 비교해서는 안 될 것이기도 하지만, 오히려 총인구 대비 56%가 골프장을 이용하고 있는 현재 수준이 어떻게 보면 우리나라 경제력에 적당한 것으로 보아야 하지 않을까.

골프장 이용객이 늘어나지 않을 두 번째 이유로는 골프 치는 비용이 비싸기 때문이다. 일본의 경우는 젊은 층 골프 이용객이 큰 폭으로 줄어드는 가운데 골프장들은 이용객 증가를 위해 가격 인하를 단행하여 실버층 고객을 끌어들이는 데 성공하였다. 일본에서 금융 자산을 가장 많이 보유하고 있는 연령대가 실버층이라, 골프장과 은퇴한 실버층 각각의 요구가 맞아떨어졌다고 볼 수 있다. 그런 과정에서 골프장 업계는 살아남기 위해 피나는 노력을 했던 것이다.

한국의 경우도 이용객을 늘리기 위해서는 가격을 인하히고 이용객 증가를 위해 파격적인 마케팅을 해야 한다고 본다. 지금 40대 중반 또는 50대는 향후 10년 뒤면 은퇴를 한다. 이 사람들 중에는 현재에도 골프를 취미로 하는 사람들이 꽤 있지만, 현재와 같은 골프 비용이라면 은퇴 후에도 계속 골프를 즐길 수 있는 사람이 과연 얼마나 될까 의문이다. 우리나라 실버층은 일본과 달리 금융 자산을 많이 가지고 있지 않기 때문이다. 노인빈곤이라는 말이 심심찮게 나오고 있는 게 현실이다. 현재의 40대 중반 또는 50대를 은퇴 후에 어떻게 끌어들이느냐가 현재 우리나라의 골프장들이 풀어야 할 과제인 것 같다. 그러기 위해서는 은퇴자에 맞는 적당한 가격체계가 이루어져야 할 것이다. 또한 한국 골프장도 일본처럼 수도권의 고급 회원제와 나머지 대중제로 양극화될 것으로 보이기 때문에, 과감한 운영 방식 변경, 체인화, 지역 밀착화, 파격적인 마케팅 등 많은 노력이 필요할 때인 것 같다.

앞으로 저출산 고령화로 골프 인구의 감소는 불가피할 것이며, 장기적으로 보면 골프장도 줄어들 것으로 예상된다. 그 변곡점의 시작이 곧 있지 않을까 우려된다.

친절한 택시,
비싼 택시 요금

매우 친절하다. 문이 자동이고, 내부 환경이 깨끗하다. 대부분 왜건형 택시로 천정이 높고 편하다. 요금이 비싸다. 일본의 택시는 대부분 법인택시로 통일된 서비스를 받을 수 있다 (법인택시 비율은 일본 86%, 한국 약 30%).

    일본인의 특징으로 잘 알려진 것이 서비스 정신이다. 그리고 고객을 맞이하는 서비스 정신을 잘 읽을 수 있는 곳 중의 하나가 택시일 것이다. 그러면 우리나라와 다른 점이 무엇인지 알아보자.

    첫째, 문이 자동이란 점이다. 택시 운전사가 운전석에서 뒷문을 자동으로 열고 닫는다. 가끔 우리나라 사람들이 일본에서 택시를 타며 한국에서 하듯 문을 열고 닫는 경우가 있다. 그러면 운전사는 다시 운전석에서 문을 자동으로 한 번 열었다가 자동으로 닫고 출발하기도 한다. 내릴 때도 우리는 습관이 되어 문을 닫아 주는데 일본에서는 그렇게 하면 자동문이 고장 날 수 있다. 승객은 문을 열고 닫을 필요가 없는 것이다. 짐이 많아 트렁크를 사용하려면 반드시 운전기사가 내려서 친절하게 도와주는 서비스 마인드가 있다. 한국에서도 짐을 트렁크에 실으려고 하면 가끔 내려서 봐 주는 운전기사가 있기는 하지만 대부분 승객이 트렁크에 싣고 타는 것이 일반적이다.

둘째, 내부 환경이 깨끗하다. 우선 운전수를 보면 유니폼을 입고 있다. 이것 하나만으로도 높은 점수가 매겨진다. 운전석 뒤편은 운전자의 안전을 위해 투명한 칸막이가 설치되어 있고, 예전에는 여러 가지 광고지도 붙어 있고 또 홍보용 팸플릿 등도 구비되어 있었지만, 지금은 태블릿이 구비되어 광고를 대신하고 있어서, 택시가 서비스산업이라는 것을 느낄 수 있다.

셋째, 왜건형 택시이다. 토요타는 2017년 22년 만에 세단형에서 왜건형으로 변경한 'Japan Taxi'를 발매하였다. 전동 슬라이드 도어로 만드는 등 고령자나 휠체어 사용자, 덩치 큰 외국인 등 누구나 쾌적하게 승하차할 수 있도록 만들어졌다. 천정이 높아서 정말 쾌적하게 탈 수 있어서 만족도가 매우 높다.

도쿄 택시 외관과 내부

넷째, 택시 요금을 비교해 보자. 일본에서는 교통 요금이 비싸다. 특히 택시 요금은 비싸서 급한 일이 아니면 잘 타지를 않았었다. 그러던 것이 단거리 택시 활성화를 위해 2014년 730엔에서 2017년 410엔으로 기본요금을 인하하여 예전보다 많이 타는 느낌이다.

한일 택시 요금 비교

	일본		한국	
기본요금(m)	1km	500엔	1.6km	4,800원
거리요금(m)	255m	100엔	131m	100원
10km 요금		4,029엔		11,212원

2024년 현재 택시 기본요금은 500엔으로 1km를 갈 수 있다. 그리고 255m당 100엔이 가산된다.

우리나라 택시는 기본요금 4,800원에 1.6km를 갈 수 있고 131m당 100원이 가산된다. 결국 기본요금은 대충 1.5배, 거리

요금은 5배 정도 일본 택시가 비싸다고 보면 된다.

만약 10㎞ 거리(광화문에서 강남역까지)를 택시를 타고 간다고 하면 한국에서는 11,000원 정도 나올 요금이 일본 택시라면 40,000원 정도 나온다고 보면 된다. 그래서 그런지 일본에서는 술을 마셔도 대부분 전철 막차 시간 전까지 마시는 것이 일반적이다. 택시 요금이 워낙 비싸서 밤늦게까지 술 마신 뒤 택시 타고 귀가하는 것은 엄두도 못 내기 때문이다.

다섯째, 반드시 영수증 출력 후 손님에게 건넨다. 목적지에 도착 후 요금을 내면 영수증을 반드시 출력해서 준다. 요금만 내고 내린다든지 아니면 영수증 요구를 하면 주는 그런 정서는 아니다. 그리고 트렁크에 짐이 실려 있으면 운전기사는 잠깐 기다려 달라는 말과 함께 직접 내려서 짐을 꺼내 준다. 한국인은 습관이 되어서 그런지 아니면 미안해서인지 목적지에 도착하면 운전기사가 잠깐 기다려 달라고 해도 직접 내려서 트렁크에서 짐을 꺼낸다.

여섯째, 이렇게 친절한 일본 택시 운전기사의 급여는 얼마나 될까. 2023년 택시기사 평균 연봉은 443만 엔(4,430만 원) 정도라고 한다. 일반 법인택시의 경우 급여 체계는 고정 급여와 성과급을 적당히 섞어서 사용하는 경우도 있지만 보통은 회사와 운전기사가 그날 매상을 나누는 비율제이다. 회사마다 약간 다르지만 회사와 운전기사가 4:6 또는 5:5 등으로 나눈다. 운전기사의 운행 시간은 한 달 동안 299시간을 넘지 못하고 1일 최대 16시간을 넘지 못하도록 되어 있어서, 매일 16시간 운전을 한다고 해도 한 달에 최대 18일간 운전할 수 있는 셈이다. 그러나 후생노동청은 1일 13시간 이내를 기본으로 권고하고 있어서 23일 이하로 근무하는 것이 일반적이다. 돈에 그렇게 쫓기지 않는 경우에는 하루 8시간에서 10시간 정도 일하는 사람들도 있다. 하루에 10시간 정도 일하고 1일 매상이 3만 엔(30만 원) 정도라고 하면, 운전기사는 하루 매상의 60%인 1만 8,000엔(18만 원)을 버는 것이고 23일간 일을 했다고 하면 41만 엔(410만 원)을 급여로 가져가는 것이다. 그러나 매일 매출이 일정하지 않을 것이고, 또 매출이 3만 엔(30만 원) 이하면 운전기사의 몫이 60%가 아니라 40%로 바뀌는 조건도 있어서, 이리 저리 감안하면 도쿄 등 대도시의 경우 한 달 급여로 30만 엔(300만 원) 전후가 되는 것 같다. 정사원일 경우 평균 월급은 37만 엔(370만 원) 수준이다.

또 일본 택시 운전기사는 연로하신 분이 많다. 이분들은 국민연금을 받아 가면서 택시 운전기사 일을 하기 때문에 그다지 많은 시간을 근무하지는 않는다. 따라서 급여도 그만큼 적지만 그래도 회사 납입금에 쫓기지도 않고 충분히 쉬면서 일을 한다. 그래서 그런지 일본 택시 운전기사들은 여유가 있다. 그리 급하게 손님을 태워야 한다는 강박 관념도 없고, 난폭 운전도 하지 않는다.

한마디로 일본 택시를 이야기하면 요금이 비싼 만큼 손님에게 친절한 서비스를 제공해 주고 또한 운전기사들도 어느 정도 안정된 생활을 할 수 있을 정도의 급여를 받고 있다는 느낌을 주었다. 또한 여유로운 마음으로 운전을 하다 보니 도로에서의 난폭 운전은 많이 찾아 볼 수는 없다.

반면 한국은 어떠한가. 서비스의 질적인 면에서 일본과 큰 차이가 난다. 요금이 싸니까 서비스는 좀 떨어지더라도 어쩔 수 없는 노릇 아닌가라고 반론할 수도 있다. 이렇게 싼 요금에 일본과 비슷한 서비스까지 바란다면 그것은 손님 입장에서만 주장하는 이야기가 될 것이다.

서비스의 질적인 면에서 차이가 나는 것은 다른 나라들에 비해싼 택시 요금으로 택시 회사와 택시기사 간의 경영과 납입금이라는 방정식으로 서비스가 뒷전으로 밀린 것도 있지만, 개인택시 비중이 70% 이상으로 매우 높다는 점도 영향을 미친다. 개인은 통일된 서비스에 대한 마인드가 법인보다는 느슨한 것 아닌가 싶다.

택시 대수 비교

항목	한국(2023.8.)		서울		일본(2021.3.)		도쿄	
	대수	비율	대수	비율	대수	비율	대수	비율
법인	63,966	28%	22,603	32%	177,367	86%	30,632	73%
개인	164,621	72%	49,090	68%	29,649	14%	11,084	27%
합계	228,587	100%	71,693	100%	207,016	100%	41,716	100%

주) 한국 전국택시운송사업, 서울시 택시 현황, 일본 국토교통성 등 자료

전체 인구 대비해서 택시 대수를 보면, 일본이 1억 2천만 명에 20만 대이고, 한국이 5천만 명에 약 23만 대의 택시가 등록되어 있다. 도쿄와 서울을 비교하면 두 도시 다 약 1천만 명 정도이고 택시 대수는 도쿄가 4만 대, 서울이 7만 대이다. 그런데 도쿄 거리에서 택시가 훨씬 많이 느껴지고 또 수월하게 잡히는 느낌이다. 이는 왜 그럴까 곰곰이 생각해 보았다. 일반 택시인 법인택시 대수는 도쿄가 한국보다 1만 대 더 많아서 그런 것 같다. 법인 택시는 정해진 운행 시간이 짜여 있는 데 반해, 서울은 개인택시의 비중이 높아, 운행 시간에 대해 좀 더 자유로워서 그렇지 않은가 생각이 든다.

서비스 면에서도 일본 택시는 법인택시가 많아서 통일되고 정형화된 서비스를 한다. 하지만 한국은 법인택시보다 개인택시가 월등히 많아서 그런지 서비스는 제각각인 것 같다.

택시 회사도 경영이 될 만큼 수익이 있어야 하고 또한 운전기사도 어느 정도 안정적인 고용과 수입이 있어야 할 것이다. 또한 손님 입장에서도 택시 요금에 맞는 합당한 서비스를 요구해야 할 것이다. 택시는 불친절하고, 타고 있으면 불안하고, 언제까지 손님이 택시기사의 눈치를 봐야 할 것인가. 정말 유니폼이라도 갖추었으면 좋겠다. 유니폼이 그 사람의 행동 양식을 변경시키지 않는가. 택시 회사, 운전기사, 손님, 정책당국 등이 균형 있는 만족을 위해 노력해야만 할 시점이다.

'영어 수업은 영어로', 일본의 영어 교육은 개혁 중

<u>일본 정부는 영어 공교육을 개혁하기로 하고,
2018년부터 중학교 영어 수업을 영어로 한다.</u>

　한국이나 일본이나 영어 교육은 풀어야 할 영원한 숙제와 같은 것이다. 일본에서는 1853년 페리(Perry) 제독이 일본에 내항하며 개항의 바람이 불기 시작하였고 이때부터 영어에 관심을 갖기 시작하였지만, 영원히 풀리지 않는 숙제처럼 아직까지도 영어 교육에 머리를 싸잡아 매고 있다. 교육은 백년지대계(百年之大計)라는 말이 있듯이 백 년 앞을 내다보고 큰 계획을 세워야 하지만, 한국이나 일본이나 영어 교육에 있어서는 그렇지 못한 것 같다.
　영어를 모국어로 쓰지 않는 나라에서 영어를 유창하게 하기란 정말 어려운 것이다. 잘해 보려고 이 방법으로도 해 보고 저 방법으로도 해 보는 등 애를 쓰고 있지만, 시내가 변하고 경제가 발전하여도 여전히 영어 교육에 갈피를 잡지 못하는 것이 현실인 것 같다.

　메이지유신(明治維新, 1868년) 분위기가 무르익으며 사회 전반적으로 변화의 바람이 부는 가운데 새로운 일본 사회의 학제(學制)가 공포되었다. 이때쯤 일본은 외국과의 교역 그리고 새로운 외국 선진 문물을 받아들여야 한다는 의무감에 영어의 중요성을 매우 높게 평가했던 것 같다. 교육자이자 계몽가이고 초대 문무대신(우리나라 교육부장관에 해당)을 지낸 모리 아리노리(森 有礼)는 당시 모국어인 일본어를 폐지하고 영어를 모국어로 하자는 주장도 하였다. 물론 모리의 제안은 받아들여지지 않았지만, 영어 공용화의 선구적인 주장이었다. 그 뒤로도 영어 공용화에 대한 논쟁은 끊임없이 이어져 오고 있다.

　그러면 현재 일본에서 실질적으로 영어 교육에 대한 열의는 얼마나 될까. 그 열의가 어느 정도인지 수치로 나타내기는 곤란하나 분위기를 보면 전반적으로 한국보다는 좀 낮은 느낌이다. 우리나라는 안 그래도 교육열이 높고 특히 영어 열의가 높은데, 2000년 전후부터는 영어 광풍까지 불었다. 그 결과 유치원도 영어 유치원이 인기를 끌었고, 일반 유치원에서도 영어를 가르치는 영어 집중반이 대세를 이룰 정도였다. 또 초등학생 때부터는 원어민 영어 학원도 모자라 영어를 배우러 조기유학까지 가는 등 온 나라가 영어로 한바탕 소동이 일어난 적도 있었다. 일본도 물론 영어 유치원도 있고 교육에 있어서 영어의 중요성도 알고 있지만 우리나라만큼 온 국민이 영어에 매달리지는 않는 것 같다.

 일본 초등학생의 학교 외 교육 실태를 보면 어학원은 그다지 많이 보내고 있지 않다. 학교 수입 후 가장 많이 하는 것이 수영이고 그다음은 학습지 통신교육, 야구, 축구 등 스포츠클럽, 음악 등이다. 영어 학원, 입시 학원, 보습 학원 등은 그다지 많이 보내지 않는 분위기다. 초등학교에서 영어를 가르치기 시작한 것도 일본이 우리보다도 늦은 편이다. 우리나라는 1997년부터 초등학교에서 영어를 정식으로 가르치고 있지만, 일본은 2008년부터 초등 5학년을 대상으로 정식 교과과정이 아닌 외국어 활동으로서 영어를 가르치고 있는 실정이다. 초등학생을 둔 일본 학부모들의 의식을 보면 2005년 전후를 기점으로 방과 후 학습보다는 수영이나, 스포츠클럽 활동에 더욱 관심을 많이 가지는 경향이 있다.

 일본 중학생을 보자. 우리나라 학생들이 다니는 학원을 일본에서는 '쥬쿠(塾; 글방 숙)'라 부르는데, 대부분 중학생부터는 우리나라와 비슷하게 '쥬쿠'를 열심히 다닌다. 물론 일본에서도 명문대학을 많이 진학하는 인기 있는 고등학교가 있기 때문에 그곳에 진학하기 위해서는 중학교 때부터 입시공부를 열심히 해야 한다. 그래서 일본 중학생들은 영어회화 학원보다는 시험을 위한 입시 학원을 가장 많이 다니고 있다. 즉 일본에서의 유치원, 초등 및 중학생의 영어 교육 실태는 초등까지는 스포츠에 좀 더 관심을 두고 있고 중학생부터는 입시를 위해 학원을 다니는 정도로 볼 수 있다. 분위기는 우리나라처럼 영어에 목숨 걸 정도로 열의를 가지고 있지는 않은 것 같다.

그러면 학생, 일반인 등 전반적인 영어 수준은 어느 정도일까. 한국과 일본의 토익 평균 점수로 비교해 보면 대충 2000년을 기점으로 그 이전에는 서로 비슷하다가 2000년 이후부터는 한국이 많이 앞서고 있다. 이렇게 차이가 나는 이유로는 한국은 입시와 삶의 질을 높이기 위해서 영어는 반드시 해야 한다는 사회적인 분위기가 있었기 때문이다. 영어 유치원, 조기유학 등 사교육비 증가라는 부정적인 면도 있었지만 어찌되었건 초등학교 3학년 때부터 영어 과목을 개설하여 가르쳤던 공교육의 효과도 매우 컸다고 본다.

최근 일본 정부는 영어 공교육을 개혁하기로 하고, 2018년부터 실시할 영어 교육에 대한 계획을 발표하였다. 핵심은 중학교 영어 수업을 영어로 한다는 것이다. 그러기 위해 초등 5~6학년 생에게는 영어 과목을 정식 교과과정으로 편성하여 일주일에 3시간 정도로 가르치고, 3~4학년은 정식 교과과정이 아닌 외국어 활동으로서 일주일에 1~2시간 정도 영어를 접할 수 있게 할 계획이다. 중학교 영어 수업은 영어로 진행하는 것을 기본으로 하고 고등학교는 영어 수업 내용을 좀 더 심화해서 졸업 즈음에는 영어검정시험 2급 또는 준1급 수준으로 끌어 올린다는 목표이다. 또한 대학입시에서는 듣기, 말하기, 읽기, 쓰기 등 4가지를 측정할 수 있도록 민간시험을 활용할 계획이다.

영어 교육 개혁의 핵심인 중학교 영어 수업을 영어로 한다는 것, 이점에 대해 과연 영어를 몰라서 배우는 학생에게 영어로 수업해서 효과가 있을까라고 우려할 수도 있다. 우리나라도 국제화 시대에 맞춰 영어 열풍이 불던 때 대학에서 일부 전공 수업을 영어로 강의하도록 했다. 그 결과 학생들이 전공 수업을 이해하는 데 있어서 질적 수준이 하락했다. 한글로 수업해도 이해하기가 어려울 수 있는 전공과목을 영어로 수업한다는 것은 학생들의 이해력을 떨어뜨릴 수 있고, 또 영어로 가르치는 교수나 강사 입장에서도 학생들을 이해시키는 데 한계가 있었기 때문이다.

그러나 영어를 영어로 수업한다는 것은, 가르치는 교사의 능력만 충분하다면 매우 좋은 교육 방법이라고 생각한다. 내가 일본어를 익히게 된 경험을 놓고 생각해 보더라도 효과가 있을 것 같다. 일본에 처음 갔을 당시, 나는 정말 히라가나 정도 쓸 수 있는 수준이었다. 말하는 것은 오하요고자이마스(안녕하십니까), 아리가토고자이마스(감사합니다)와 스미마셍(미안합니다) 정도만 할 수 있었고, 듣는 것은 전혀 알아듣지 못하는 완전 벙어리 수준이었다. 급하게 일본 유학을 결정했던 터라 출국 2개월 전에 한국에서 일본어 학원을 한 달 보름가량 다닌 게 전부였다. 게다가 여러 가지 준비로 제대로 공부도 못 하고 시간이 지나갔기에 일본어 수준이라고 말할 것까지도 없는 그런 정도였다. 그래서 일본에 처음 갔을 때 일본어 학교(랭귀지 스쿨)를 다녔는

데, 첫 수업부터 한국말을 전혀 모르는 일본인 선생이, 일본어를 전혀 알아듣지 못하는 나에게 일본말로 일본어를 가르치는 것이다. 전혀 통하는 언어가 없는 가운데 수업이 진행되니, 상상을 해 보면 얼마나 어려웠겠는가. 그래도 선생은 몸짓을 섞어 가며 열심히 의미를 전달하려고 했고 나는 그러한 몸짓과 표정을 보고 느낌으로 '아~, 이런 의미인가'라는 정도로 이해하며 수업을 들었다. 아무튼 서로 다른 언어를 사용하는 사람이 만나서 전혀 이해되지 못할 것 같아도 몸짓과 표정을 보며 느낌으로 이해해 나가는 수업이 몇 달 지속되니 나도 모르게 언어가 익혀지는 것이다. 아무튼 처음에는 '이런 뜻인가' 하는 어렴풋한 감(感)으로 시작한 것이 점점 구체적으로 이해되는 단계를 거쳐 급기야 내가 그 말을 사용해 보는 단계까지 이르게 되었다. 이제야 비로소 그 말이 완벽하게 나의 것이 되는 것이다. 이런 상황이 계속 이어지다 보니 내가 말할 수 있는 양이 쌓이게 되었고 어느 단계에 이르니 쌓아 둔 말들로 다양하게 조합을 하며 활용을 할 수 있는 수준에 이르게 되었다. 서로가 서로의 말을 알아듣지 못하는 사람들이 만나서도, 몸짓과 표정을 보며 감으로 이해하더라도 시간이 지나면 언어를 익힐 수 있다는 것을 느꼈다. 결국 이런 방법이 시간이 걸리더라도 언어를 익히기에는 더 효과적인 것 같다.

내가 일본에서 느낀 일본어 수업 방법에 비추어 보면, 일본이 교육개혁으로 선택한 '영어 수업은 영어로 한다'는 방침은 상당한 효과를 거둘 수 있을 것으로 보인다. 한 가지 아쉬운 점이 있다면 중학생이 아닌 초등학교 고학년부터 했더라면 더 좋았을 것이다. 왜냐하면 좀 더 어릴수록 언어 습득력이 뛰어나기 때문이다. 그리고 살아 있는 언어가 되기 위해서는 언어에 감정이 실려야 하는데, 중학생은 곧 고교입시를 앞두고 있기 때문에 언어에 감정을 실을 만한 여유는 좀 없지 않을까. 그렇기 때문에 그나마 시간적으로 좀 더 여유를 가질 수 있는 초등학교 때부터 영어로 수업하는 것이 나을 것 같다는 생각이다.

이번 영어 교육 개혁에서 고등학생은 수업의 질을 높여 고교 졸업 즈음에는 영어검정시험 2급 또는 준1급 수준으로 끌어올린다는 목표인데, 영어검정시험이란 도대체 무엇인가.

일본에서의 영어시험은 토익과 영어검정시험으로 크게 나눌 수가 있다. 토익은 회사원과 대학생이 많이 응시하고 영어검정시험은 중고등학생, 대학생 등이 많이 응시한다. 이 시험은 일본에서 개발한 일본인만을 위한 영어시험이다. 영어검정시험(일본에서는 줄여서 '英檢[EIKEN]'이라 부름)의 정식 이름은 '실용영어기능검정시험'으로 1963년 처음 실시되었고 1년에 3번 시행한다. 시험 구성은 독해, 듣기, 작문, 말하기 등으로 구성되어 영어 실력을 종합적으로 검증하도록 되어 있다. 시험 급수는 1급, 준1급, 2급, 준2급, 3급, 4급, 5급 등 7단계로 나뉘며, 1급과 준1급은 대학생 레벨, 2급과 준2급은 고등학생 레벨, 3~5급은 중학생 레벨이다. 실용영어기능검정시험 급수의 활용도는 고교, 대학 등 입시에서 우대받을 수 있고 또 대학 재학 시 영어 과목 학점으로도 인정받을 수 있다. 그래서 일본 학생들이 평소 시험에 응시해 급수를 취득해 놓는 경우가 많다. 대학입시에서는 듣기, 말하기, 읽기, 쓰기 등 4가지를 평가할 수 있는 민간시험을 활용할 계획이라고 하는데, 영어검정시험을 활용할 가능성이 크다고 보인다.

우리나라의 영어 교육 상황을 한번 살펴보면 영어 교육을 위해 각 가정에서 쓰는 돈과 시간은 엄청나다. OECD가 2013년에 발표한 세계 각국의 GDP에서 차지하는 교육비 수준을 보면, 아이슬란드가 8.1%로 1위이고 그다음 2위가 8.0%로 한국이 차지하고 있다. 일본은 5.2%로 중위권에 속한다. 교육비 중에서도 사교육비는 한국이 단연 1위로 GDP의 3.1%나 차지하는 등 비정상적으로 매우 높다. 이에 반해 일본의 사교육비는 GDP의 1.7%이다. 공교육 시스템이 잘되어 있는 유럽에 비해 한국과 일본의 공통점은 사교육비가 많이 든다는 점이다. 일본도 사교육비는 높은 편이라고 말들 하지만 일본보다도 높은 곳이 한국이다. 이렇게 많은 돈과 정성을 쏟아붓는 것에 비해 실제 영어를 사용할 수 있는 실력은 그다지 높지 않은 것 같다. 그래서 조기유학, 어학연수 등 영어 열풍에 온 나라가 떠들썩거리고 있는 것이다.

그렇다면 사교육비가 이렇게나 많이 드는 원인은 무엇일까. 기본적으로 교육열이 높은 데다 과당 경쟁 심리까지 더해진 사회적 분위기와 학교 교육을 그다지 신뢰하지 않고 사교육을 더 신뢰하는 분위기 등이 그 원인으로 들 수 있다. 전자는 시간의 흐름에 따라 전반적인 사회적 의식이 바뀌어 가야 할 문제이고, 후자는 공교육에 대한 신뢰를 높이면 해결될 수 있는 문제이다. 그러면 영어 교육에 국한해서 공교육의 신뢰도를 높이려면 한국도 영어 교육 과정에 있어서 개혁이 필요하다는 생각이 든다. 즉 영어 수업은 영어로 하는 게 맞지 않을까. 그것도 입시에 대한 부담이 적은 초등학생 때부터 시간적 여유를 가지고 실시한다면 큰 효과를 거둘 수 있을 것이다. 물론 교사 양성문제가 걸림돌로 떠오를 수 있겠지만 우리나라의 미래를 담당할 학생들을 위해 몇 년간 준비과정을 갖는 것은 아무 문제도 되지 않을 것이다. 시간이 걸리더라도 충분한 논의와 검토를 해서 백 년을 이어 갈 수 있는 영어 교육 시스템을 만든다면 우리나라도 유럽 선진국처럼 공교육에 대한 신뢰는 엄청 올라갈 것이고, 그 결과 최소한 영어 교육에 드는 사교육비는 상당히 줄어들지 않을까 한다.

일본이 자랑하는 치안, 밤길도 안전

공동체를 유지하기 위해 질서가 강요되고 각 개인은 그 집단이라는 틀 안에서 벗어난다는 것을 매우 두려워한다. 공동체 의식과 남에게 피해를 주지 않으려는 사상 그리고 명예와 체면을 중시하는 사상 등이 복합적으로 작용하여 범죄 발생률이 다른 나라에 비해 많이 낮은 것이다.

전 세계에서 밤길을 마음 놓고 돌아다닐 수 있는 도시가 과연 몇 군데나 될까. 우리나라 대도시도 여행객들이 밤에 안심하고 다닐 수 있는 나라 중 하나이다. 일본도 밤늦은 시간에 혼자 다녀도 될 만큼 매우 안전한 나라라고 할 수 있다. 일본의 치안이 매우 잘되어 있다는 이야기는 많이 들어 보았을 것이다. 과연 치안이 잘되어 있기에 안전한 것일까. 일본이 안전하다고 하는 것이 경찰력의 치안 능력이 뛰어나 안전하다고 하는 것일까, 아니면 그다지 범죄가 많이 발생하지 않아서 안전하다고 하는 것일까.

한번은 일본에서 책가방을 자전거 앞 바구니에 놓은 채, 밤새 전철역 앞에 세워 놓은 적이 있었다. 학생 때라서 가방에 지갑이라든지 귀중품이 든 것은 아니었지만 그래도 전철역 앞이라 술집, 상가 등으로 많이 붐비는 곳이었다. 다음 날 아침에야 가방을 자전거에 놓아둔 것을 깨닫고 전철역 앞으로 달려갔다. 밤새 자전거 바구니에 있었으니 누군가가 가져갔을 것이라는 불안한 생각이 들었지만, 그래도 자전거는 가지고 와야 하기에 자전거를 찾으러 갔다. 그런데 내 자전거 앞 바구니에 가방이 그대로 있는 것이다. 책가방이라 그대로 있었을 수도 있었겠지만 그래도 술집 많은 거리에서 밤새 무사히 가방이 있었다는 것은 작은 놀라움이었다. 물론 그날 요행히 운이 좋아 잃어버리지 않았을 수도 있었다. 그러나 일본에 있었을 당시 자주 들었던 말이 일본에서는 뭔가를 잃어버리면 찾을 확률이 매우 높다는 것이다. 특히 택시에서 뭔가를 놓고 내리면 거의 돌아온다는 이야기였다. 실제로 택시나 전철 안에서 무언가를 깜빡 잃어버렸다가 다시 찾았다는 경험담은 지인들로부터 들어 본 적이 있지만 내가 직접 겪었던 적은 없었다. 그러나 그곳에서 살아가면서 그럴 수 있겠다는 분위기만큼은 느낄 수가 있었다.

일본 젊은이들은 오토바이를 참 많이 즐긴다. 전철역 앞이든 학교 교내에든 오토바이가 많이 주차되어 있다. 그런데 주차된 오토바이 손잡이에 헬멧을 걸어 두든지 아니면 오토바이 안장 위에 그냥 올려 두는 경우를 많이 보았다. 저렇게 그냥 두면 누군가가 가져가지 않을까 하는 생각이 항상 들었다. 한번은 일본인 친구에게 오토바이를 주차하고 헬멧을 왜 가지고 다니지 않는지, 잃어버릴 위험은 없는지 등 물어 보았다. 그 친구는 아무렇지도 않은 듯 아무도 가져가지 않는다고 말하는 것이다. 게다가 그렇게 생각해 본 적이 없다는 것이다. 개인적인 성격 차이일 수도 있겠지만 아무도 가져가지 않는다고 믿도록 만든 사회 분위기의 영향력이 크다고 생각된다. 나도 일본 있을 때 자전거 바구니 안에 간단한 물건 등은 안심하고 놓아두고는 볼일을 보곤 했다. 남의 물건은 잘 건드리지 않는다는 사회적 정서를 느낄 수 있었기에 그렇게 하곤 했었다. 이런 사회적 정서는 1990년 당시에 실제로 생활하면서 많이 느꼈던 부분이다. 그러나 일본도 20년가량 경제 침체기를 겪은 탓인지 예전하고 다르게 택시에서 물건을 놓고 내려도 돌아오지 않더라는 말을 요즘은 가끔 듣기도 한다. 그래도 잃어버린 물건을 찾는다든지 남의 물건에 손을 대지 않는다든지 하는 확률이 약간 높은 나라라는 생각이 든다. 일본이 밤길에도 안전하다고 하는 이유 중에는 물론 일본도 한국처럼 개인의 총기 보유가 금지되어 있기 때문이기도 하지만 앞에서 말한 사회적 정서도 여행하기 안전한 나라, 밤길에도 안전한 나라라고 평가되는 데 상당한 영향을 미쳤다고 볼 수 있다. 세계에서 치안이 잘된 나라를 꼽으라면 우리나라도 상위권에 속하지만 일본이 우리보다 좀 더 안전한 나라라고 할 수 있다.

사회가 안전하다는 것을 평가할 수 있는 객관적 기준에는 어떤 것이 있을까. 가깝게는 그 나라의 범죄 발생률을 살펴보는 방법도 좋을 것이다. 그러면 일본의 범죄 발생률을 한번 살펴보자.

범죄 발생 및 검거율

구분	항목	2019년	2020년	2021년	2022년	2023년
일본	범죄건수	638,765	515,352	480,178	514,496	609,728
	검거건수	259,126	245,421	234,206	221,000	237,813
	검거율	41%	48%	49%	43%	39%
한국	범죄건수	904,032	916,891	806,013	884,728	
	검거건수	798,902	665,139	561,725	598,664	
	검거율	88%	73%	70%	68%	

주1) 강력, 절도, 폭력, 지능, 풍속 등 범죄대상
주2) 일본경찰청, 한국경찰청 자료

일본 경찰청 자료에 의하면 2023년도 일본의 강력, 절도, 폭력, 지능, 풍속 등 5가지의 범죄 건수는 약 61만 건이다. 일본의 총인구가 1억 2,570만 명으로 총인구 대비 범죄 발생 비율은 0.5% 정도이다. 반면 우리나라를 살펴보면 경찰청 범죄 통계 자료에 의하면 2022년도 상기 5가지 범죄 건수는 88만 건이었다. 우리나라의 총인구가 5,000만 명으로 총인구 대비 범죄 발생률은 1.8%에 이른다. 총인구는 일본 대비 절반도 못 미치는데 반해 범죄 건수는 일본보다 높은 편이고, 총인구 대비 범죄 발생률이 한국이 일본보다 3.6배 이상 높다.

범죄 상세

구분	항목	2019년	2020년	2021년	2022년	2023년
일본	강력	4,706	4,444	4,149	4,437	5,750
	절도	532,565	417,291	381,769	407,911	483,695
	폭력	56,753	51,829	49,717	52,707	58,474
	지능	36,031	34,065	36,663	41,308	50,035
	풍속	8,710	7,723	7,880	8,133	11,774
	합계	638,765	515,352	480,178	514,496	609,728
한국	강력	26,476	24,332	22,476	24,954	
	절도	186,957	179,517	166,409	182,270	
	폭력	287,913	265,768	232,661	245,286	
	지능	381,533	424,642	361,107	405,105	
	풍속	21,153	22,632	23,360	27,113	
	합계					

주) 일본경찰청, 한국경찰청 자료

좀 더 구체적으로 살펴보자. 총 범죄 건수 중 범죄 종류별로 나누어 살펴보면, 일본의 경우 절도가 한국보다 매우 많은 경향이 있고, 한국은 강력, 폭력, 지능 등 범죄에 일본보다 월등히 많이 발생한다. 한국 인구가 일본 인구의 절반이 안 된다는 점을 감안하면, 범죄 발생이 한국이 매우 높은 수준이다.

객관적인 수치가 이 정도로 차이가 나는 것을 보면 확실히 일본이 한국보다는 좀 더 안전하다고 볼 수 있지 않은가.

그러면 왜 일본은 범죄 발생률이 낮을까, 나아가서는 왜 안전한 나라일까, 궁금할 것이다. 모든 사물에는 인과관계가 반드시 있기 마련이기 때문에 그 의문에 대한 근본적인 원인은 있을 것이다. 그리고 깊게 생각해 보면 반드시 정답은 아닐 수 있어도 답으로 연결되는 실마리는 찾을 수 있을 것이다. 그러면 한번 따져 보자. 우선 범죄 발생률이 낮을 가능성이 있는 원인으로 생각할 수 있는 것이 첫째, 너무 완벽한 치안으로 범죄가 발생할 여지가 없도록 했기 때문일 것이다. 둘째, 범죄가 발생하면 바로 바로 검거하는 높은 검거율로 범죄자들이 이를 두려워해서 범죄를 저지르지 않았기 때문일 것이다. 또는 셋째, 일본인이 범죄를 잘 저지르지 않기 때문일 것이다. 이상 세 가지를 생각해 볼 수가 있다.

그러면 우선 첫째 완벽한 치안 때문이라는 점을 한번 생각해 보자. 아마도 내가 일본을 겪어 본 바로는 그다지 우리나라보다 치안이 뛰어나다고 볼 만한 특이점은 찾아 볼 수 없었다. 자전거를 타고 좀 자주 순찰하는 정도 또는 파출소 앞에서 경계근무 서는 정도라고나 할까. 우리와 별반 다른 점은 발견하지 못했다. 물론 좀 더 자주 순찰을 하는 등 순찰 빈도수의 차이가 있을 수는 있겠지만 말이다.

그렇다면 두 번째로 검거율에 대해 생각해 보면, 검거율에 있어서는 우리나라가 세계 최고 수준이다. 경찰청 통계자료로 작성한 상기 표를 보면 알 수 있듯이, 한국의 2019~2022년 범죄 검거율 평균은 75%가 넘는다. 반면 일본은 45% 수준에 머물러 있다. 엄청난 차이가 난다.

마지막 세 번째인 범죄를 잘 저지르지 않기 때문이라는 점을 생각해 보자. 일본의 범죄율이 낮은 이유로는 치안이 잘되어 있다기보다는 오히려 범죄를 잘 저지르지 않기 때문이란 점이 더 설득력이 있을 것 같다. 범죄를 잘 저지르지 않게 된 의식은 어디서 왔을까. 그것은 가족주의를 바탕으로 한 끈끈한 공동체 의식과 남에게 피해를 주지 않으려는 사상 그리고 개개인 또는 각 집단의 명예와 체면 등이 복합적으로 나타났다고 볼 수 있다. 일본인은 공동체 의식을 매우 소중히 여기고 또 개개인에게 그렇게 하도록 요구된다. 이러한 공동체를 유지하기 위해 질서가 강요되고 각 개인은 그 집단이라는 틀 안에서 벗어난다는 것을 매우 두려워한다. 각 개인의 행동은 가족, 친인척 및 그들이 속해 있는 집단에 영양을 끼치게 된다. 개인의 행동이 그 개인에게만 국한되는 문제가 아닌 것은 우리나라도 마찬가지이지만 일본인에게 있어서 공동체라는 의식은 우리가 생각하는 것보다 좀 더 강한 면이 있다. 가족과 그가 속한 집단, 그리고 타인에게 피해를 끼치지 않으려는 사상은 일본인의 오랜 전통 속에 녹아 있는 특징이다. 걸어 다닐 때도 서로가 부딪히지 않으려고 각자가 신경 써서 행동하는 모습, 공공장소에서 매우 조심스럽게 전화를 받는 모습 등에서 남에게 피해를 주지 않으려는 행동을 엿볼 수 있다.

또한 가족과 그 집단의 명예를 더럽힌다는 것은 있을 수 없다는 생각이 알게 모르게 그들 의식에 영향을 주어 그들의 행동에는 아주 절제된 모습을 느낄 수 있다. 일본계 회사를 방문하면 반드시 배웅할 때 엘리베이터 앞에서 손님을 배웅하는데 90도로 고개를 숙인 채 엘리베이터 문이 닫혀 그들 눈에 보이지 않을 때까지 인사를 하는 모습을 많이 볼 수 있다. 그들 회사를 대표해서 배웅하는 것이라 최대한 예의를 갖추어 배웅하는 것이다. 결국 공동체 의식과 남에게 피해를 주지 않으려는 사상 그리고 명예와 체면을 중시하는 사상 등이 복합적으로 작용하여 범죄 발생률이 다른 나라에 비해 많이 낮은 것이다.

일본을 떠올릴 때 많은 사람들은 성(性)문화가 개방되어 있어서 외설적인 곳이 많은 곳이라고 생각한다. 그리고 나아가서는 성범죄도 많지 않을까라고 생각하기도 한다. 그러나 결과는 우리나라보다 적게 발생한다(2022년 강력 범죄 중 강간죄는 한국이 5,467건, 일본이 1,655건으로 한국이 3.3배 많이 발생한다). 가끔 일본은 성범죄가 발생하더라도 신고를 잘 하지 않아서 통계에서 성범죄 발생건수가 적게 파악된다고 말을 하기도 한다. 성범죄는 신고율이 상당히 낮다는 점은 맞는 말이지만, 이 점은 우리나라나 일본이나 마찬가지이다. 대충 두 나라의 신고율이 비슷한 처지라면 성범죄 발생률이 3.3배나 차이 나는 것은 좀 부끄러운 사실이다. 일본이 성범죄가 적은 것이 아니라 우리나라의 성범죄율이 높은 것이라 할 수 있다.

경기가 좋을 때는 범죄 발생률이 좀 낮아지고 경기가 안 좋을 때는 좀 높아지는 것 같다. 20년 넘게 경제 침체기를 겪은 일본도 만비키(万引き; 편의점, 마트 등에서 식품 또는 생활용품을

훔치는 일)가 늘어나는 추세였고, 노인들의 만비키도 늘어나는 추세라고 한다. 또한 일본 경찰청에서는 만비키도 절도라며 근절하고자 캠페인을 벌이는 등 대대적으로 대응책을 마련하기도 한다. 털어서 먼지 안 나는 집안이 없듯이 일본도 만비키로 골치가 아픈 모양이다.

그러나 전반적으로 범죄 발생률이 낮다는 점에는 부러울 따름이다. 앞에서도 말했듯이 우리나라의 검거율은 세계 최고 수준을 자랑한다. 대한민국 경찰의 자랑거리이다. 그러나 무엇보다도 범죄가 발생하지 않도록 하는 것이 더 중요하지 않을까 한다. 범죄 발생률을 낮추기 위해 치안도 매우 중요하지만, 우선 개개인이 사회적 규범을 지키려고 노력해야 할 것이며 국민 의식 수준의 향상을 위한 정책이 지속적으로 뒷받침되어야 하지 않을까.

일본의 자전거 문화와
주륜장(駐輪場)

세계에서도 1인당 자전거 보유율이 매우 높고
또 교통 시스템 중에서 자전거 이용률이 높은 나라가 일본이다.
많은 사람들이 자전거를 타고 전철역까지 가서 자전거 전용
주차장(주륜장)에 세워 놓고 전철을 타고 출근, 통학을 한다.

 우리는 1990년 초중반에 마이카 붐이 일어났다. 당시 대학을 졸업하고 직장에 들어가면 첫 번째 하던 일이 자동차 할부 구입이었을 정도였다. 당시 엑셀, 프라이드, 르망 등에 국민차 티코가 가세하며 자동차 구입에 열을 올렸던 시절이 있었다. 이런 시절 일본을 갔었는데, 잘사는 나라라는 생각을 갖고 부푼 마음에 도착해 보니 자전거가 너무 많은 것이었다. 아저씨, 아줌마, 남학생, 여학생 등 모두 자전거를 타고 다니는 것을 보고 살짝 머릿속이 헷갈렸다. 당시는 한국 차가 일본 차에 경쟁이 안 되었을 정도로 일본 자동차가 세계를 휩쓸던 때였기에, 당연히 모두가 마이카를 즐길 것이라고 생각했던 것이다. 그런데 자전거

가 웬 말인가. 당시는 한국도 도시에서는 자전거를 많이 타지 않던 시절이었다. 1970~80년대 시골에 가면 자전거로 읍내에 가는 등 자전거가 이동 수단이었지만 도시에서는 이동 수단으로 사용하지는 않았다. 우리나라는 이런 분위기였는데, 일본에서는 자전거가 없으면 불편할 정도로 모든 국민의 이동 수단이 되어 있었던 것이다. 세계에서도 1인당 자전거 보유율이 매우 높고 또 교통 시스템 중에서 자전거 이용률이 높은 나라가 일본이다. 그래서 역이나 상업시설, 학교, 공동주택(아파트 등) 등에는 자전거 주륜장(駐輪場, 자전거 주차장)을 갖추고 있다. 집에서 자전거를 타고 전철역까지 가서 자전거 전용 주차장, 즉 자전거 주륜장에 세워 놓고 전철을 타고 출근, 통학 등을 한다. 자동차 주차장같이 자전거를 전용으로 세우는 주륜장이 있다는 것도 일본에서 처음 알았다.

주륜장

전철역 옆에는 항상 주륜장이 있다. 일본에서 가장 큰 주륜장은 사이타마현(埼玉県)에 있는 히가시오미야역(東大宮駅) 주륜장으로 5,500대 이상을 세울 수 있다. 공영 주륜장이 일본에 처음으로 생긴 것은 도쿄 에도가와구(江戸川区) 코이와역(小岩駅)으로 1973년에 설립되었다. 내가 살던 곳이 코이와역 근처로 그곳 주륜장은 2층으로 되어 있고 수용 대수도 아마 몇백 대는 될 만큼 굉장히 넓었다. 주륜장도 그냥 아무나 자전거를 세우는 것이 아니라 구청에 월 사용료를 내고 스티커를 붙인 자전거만 세울 수 있다. 우리의 거주자 우선 주차구역과 비슷하게 운영된다. 가끔 역 주위에 무단으로 세워 둔 무단방치 자전거나 등록 스티커를 부착하지 않은 자전거를 주륜장에 세워 두면 구청에서 단속을 나와 싣고 간다. 그러면 불법주차 견인장에 가서 자동차를 찾아오듯 자전거도 마찬가지로 벌금을 내고 다시 찾아와야 한다.

1970년대 자전거 이용자 수가 급격히 증가하면서 특히 역 주변, 상업시설, 등 무단방치 자전거로 주차, 통행 등에 방해를 받으며 사회문제가 되었다. 그래서 자전거의 안전한 이용과 질서유지를 위한 종합적인 자전거 주륜 관련 법(일명 자전거법)이 제정되었고 이에 따라 역 주변을 중심으로 시청·구청 등이 중심이 되어 주륜장이 설립되었다.

경찰청 등록번호(좌, 노란 스티커), 주륜장 등록증(우)

　일본에서는 모든 자전거에 등록번호를 부착하도록 되어 있다. 자전거를 구입할 때 등록번호를 부착시킨다. 가끔 등록을 안 하고 타고 다니는 경우도 있지만 거의 모든 자전거가 구청에 등록되어 있다. 가끔 길을 가다 보면 경찰이 자전거 등록번호를 조회해서 도난 자전거인지 등을 체크하는 경우도 보았다. 실제로 나도 한 번을 겪었는데 자전거 뒤편에 사람을 태워 달리다가 경찰에게 2명이 같이 타면 안 된다는 주의를 받는 과정에서 자전거 등록번호를 조회하는 것을 보았다. 이렇듯 일본은 자전거 천국이면서 자전거 관리에도 철저하다는 것을 느꼈다.

　한국도 요즘은 레저로 자전거를 많이 탄다. 서울시에서도 공공자전거 대여소를 운영한다. 석유, 가스 등 에너지 수입이 많은 한국은 대중교통을 많이 이용하도록 호소한다. 그러나 늘어나는 자동차, 그에 따라가지 못하는 주차시설, 교통 혼잡에 따른 대기 환경오염 등 여러 가지 문제를 일으킨다. 가까운 거리는 자전거로 이동하고 자전거 이용을 생활화하여 대중교통을 이용하도록 좀 더 적극적으로 홍보할 필요가 있을 것 같다.

　몇 년 전에 나는 서울시에서 운영하는 '천만상상 오아시스'에 의견을 낸 적이 있다. 친환경 도시를 지향하는 의견이었다. 물론 지금 당장은 실행하기 어려울 수도 있지만 불가능한 일만은 아니다. 예를 들어 '친환경 업무지역'이라는 곳을 지정하여 그 지역 안에는 자동차를 가지고 들어갈 수 없고 그 지역 외곽에 주차장을 만들어 주차를 하고 자전거로 들어가든가 또는 친환경 순환교통시설을 만들어 운행하는 것이다. 차 없이 불편을 감수하더라도 친환경 지역에서 사무실을 꾸리든가 그런 지역에서 살기를 원하는 사람들을 받아들인다면 친환경 도시가 완성되지 않을까 한다. 이런 상상을 해 보면 그게 가능하냐, 자동차 없이 생활이 가능하냐, 정책이 따라 주느냐 등 여러 가지 부정적인 이야기를 쏟아 놓을 것이다. 그러나 모든 것은 상상에서부터 출발하지 않는가. 사우디아라비아 정부도 친환경 미래도시 네옴시티(NEOM City) 건설에 박차를 가하고 있지 않은가. 면적만 보면 26,000㎢로 경기도와 강원도를 합한 면적이다. 여기에 1,300조 원을 들여 미래도시를 건설하고 있다. 그리고 이루고자 하는 마음이 간절하다면 이루어질 때까지 하는 것이 사람의 마음이다. 세계 최초로 에베레스트산을 정복한 에드먼드 힐러리(Edmund Hillary) 경이 어떤 기자로부터 어떻게 올라갔는가라는 질문을 받자, 그는 "한 발 한 발 걸어서 올라갔지요. 막상 행동으로 옮기면 못 할 것도 없는데 사람들은 행동하기에 앞서 너무 많은 생각을 합니다. 진정으로 바라는 사람은 이룰 때까지 합니다."라고 했단다.

국민성을 대표하는
비빔밥과 스시

<u>스시는 밥, 생선회, 와사비(고추냉이) 등 각 재료가 가지고 있는
특유의 맛을 최대한 살려 내려고 한다. 생선회의 맛만
내세우지 않고 밥이나 와사비에 대해서도 그 맛을 나타낼 수
있도록, 즉 생선회 입장에서는 밥이나 와사비에 대해
맛을 나타낼 수 있도록 '존중'하여 각각의 재료가 원래 가지고 있는
고유의 맛을 최대한 나타내려고 한다.</u>

한국은 여러 가지가 함께하는 것을 강조하는, 즉 '어우러짐의 문화'라고 한다면 일본은 물체나 사람이 가지고 있는 각각의 성질을 존중하는, 즉 '존중의 문화'라고 할 수 있다. 음식이나 생활 습관에는 그 나라의 국민성을 엿볼 수 있는데, 한국과 일본의 대표적인 음식 중의 하나가 비빔밥과 스시(초밥)이다.

비빔밥은 밥 위에 여러 가지 나물을 얹어 놓고 고추장 양념과 함께 모든 것을 비벼서 먹는다. 비빔밥에 들어간 재료 한 가지 한 가지의 고유의 맛을 강조하기보다는 함께 있기 때문에 서로

어우러져서 오묘하게 새로운 맛을 창조해 낸다. 또 비빔밥은 빨리 먹을 수 있는 장점이 있다. 반찬이 모두 들어가 있기 때문에 비빔밥 하나면 반찬이 따로 필요 없을 정도다. 우리의 '빨리빨리' 문화에 가장 적합한 음식 중의 하나이다. 우리나라의 문화적 특징 중의 하나로 '빨리빨리' 문화를 꼽을 수 있지만, 결코 부정적인 이미지는 아니라고 본다. '빨리빨리' 정신이 있었기 때문에 세계에서 가장 단시간에 경제 발전을 이루었다고 본다. 한국전쟁이 끝난 이후 현재까지 약 60년이 지났지만, 과연 세계 어느 나라가 잿더미에서 시작해서 60년 만에 세계 경제대국 대열에 들어가고 반도체, 자동차 등 세계 일류 기술을 가진 경제발전을 이룩할 수 있을까. 한국의 '빨리빨리' 문화는 빨리만 하지 실제로는 부실하다는 비아냥도 있지만, 만약에 찢어지게 가난한 집에서 자식이 배가 고파 운다면 그 부모는 어떻게 할까를 생각해 보자. 칼로리, 영양가, 맛, 비주얼 등을 따져 가며 먹을거리를 찾을까. 그냥 일단 허기를 채울 수 있는 먹을거리를 찾아 먹일 것이다. 그것과 마찬가지다. 당장 잿더미가 된 나라에서 국민의 의식주를 해결하자니 '빨리빨리' 문화는 선택이 아닌 필수가 되었던 것이다. 우리가 일어서고 또한 지금의 경제 대국을 만들 수 있었던 저력의 하나가 '빨리빨리' 정신이며 우리 국민만의 특징적인 문화이다.

    스시는 어떠한가. 밥, 생선회, 와사비(고추냉이) 등 각 재료가 가지고 있는 특유의 맛을 최대한 살려 내려고 한다. 생선회의 맛만 내세우지 않고 밥이나 와사비에 대해서도 그 맛을 나타낼 수 있도록, 즉 생선회 입장에서는 밥이나 와사비에 대해 맛을 나타낼 수 있도록 '존중'히여 각각의 재료가 원래 가지고 있는 고유의 맛을 최대한 나타내려고 한다. 이러한 고유의 맛을 살리기 위해 각각의 재료들은 그것이 만들어지는 단계가 매우 까다롭다. 예를 들어 스시 밥을 만들 때 들어가는 식초도 직접 만들어 쓴다든지 밥을 식힐 때도 부채로 살살 부쳐 가면서 식히곤 한다. 밥알이 잘 뭉쳐지듯 하면서 각각의 밥 알갱이를 느낄 수 있도록 밥을 잘 지어야 한다. 그래서 유명한 스시 장인들은 스시를 배우러 가서 밥 짓는 것만 몇 년 했다고 한다. 또 와사비를 가는 것도 유명한 스시집은 쇠로 된 강판에 가는 것이 아니라 상어 가죽으로 된 강판에 갈아서 사용한다.

장인의 스시 만들기와 상어 가죽 강판[13]

13 이미지 출처: https://www.pakutaso.com/

와사비 하나에도 그 고유의 맛을 섬세하게 나타내기 위해서다. 그러면 스시 위에 올라가는 회는 어떠한가. 회를 그냥 막 썰어 내지 않고, 생선마다의 결에 따라 섬세하게 썰어서 사용한다. 고등어 스시의 경우는 고등어를 어떻게 숙성시키느냐가 각 스시집마다 다르기 때문에 고등어 숙성 기술로 스시집을 평가하기도 한다.

이처럼 각각의 재료가 그 고유의 맛을 최대한 살려 내도록 각 재료 단계에서 매우 섬세하게 요리를 해 나간다. 이렇게 어렵게 재료가 준비되었으면 그 각각의 재료들이 서로 자기의 맛을 최대한 살릴 수 있도록 조화를 이루는 것이 일본 요리이다.

이렇듯 일본의 음식은 양념을 많이 사용하지 않고 재료 하나 하나의 고유의 맛을 살려 내는 게 특징이다. 이러한 특징은 우리나라의 김치와 같은 일본의 '오싱코(お新香)' 또는 '쯔케모노(漬け物)'에도 잘 나타나 있다. 오싱코는 소금에 절인 야채를 말한다. 우리나라의 김치는 소금에 절여서 고춧가루, 젓갈, 마늘, 양파 등 갖은 양념을 섞어서 모든 재료의 맛이 어우러지게 해서 먹는다. 반면 일본은 김치의 첫 단계인 소금에 절인 배추, 그것을 그냥 먹는다. 그 절인 음식인 '오싱코' 또는 '쯔케모노'는 배추뿐만 아니라 무, 매실, 오이 등 각종 야채를 사용하여 담글 수 있다.

한국의 비빔밥이 '빨리빨리' 문화와 잘 연상된다면 일본은 스시가 '검증'의 문화로 잘 연결 지을 수 있다. 즉 빨리 하는 것보다 모든 단계를 철저히 검증해서 한 단계 한 단계 나아가는 문화라고 할 수 있다. 스시를 만들기 위해 밥 짓는 단계, 와사비를 가는 단계, 생선회를 뜨는 단계, 손에 쥐며 스시를 만드는 단계 등 각 단계의 완성도를 매우 중요시한다. 각 단계를 완벽하게 해결하지 않고는 좀처럼 다음 단계로 넘어가지 않는다.

 이렇듯 각각 가지고 있는 고유의 성질을 '존중'하는 문화와 철저한 '검증'의 문화가 바탕이 되어 현재 일본 사회에서 중소기업의 발달과 높은 기술력을 만들었다고 볼 수 있다. 예를 들어 대기업에서 생산하는 자동차를 보면 그 자동차에 들어가는 나사 하나하나가 결국은 중소기업에서 생산된 것이다. 이러한 중소기업의 하찮은 부품이라도 존중되는 문화가 형성된 것은 스시의 각 재료가 각각의 고유의 맛을 내도록 존중되는 문화와 일맥상통한다. 일본 중소기업의 기술력을 알 수 있는 한 사례를 들어 보자.

하드록 공업 주식회사

주) 하드록 홈페이지: https://hardlock.co.jp

    오사카(大阪)에 본사를 두고 있는 하드록(Hardlock) 공업이라는 회사는 종업원 90명(2023.6월)을 두고, 너트를 생산하는 회사이다. 이곳에서 생산되는 너트는 일본 고속철도인 신칸센 철로에 사용되는 조그마한 부품이다. 신칸센처럼 고속 운행 시 철로를 고정해 주는 너트가 풀리는 경우가 있는데, 이곳에서 생산되는 너트는 풀리질 않아 유명하게 되었다고 한다. 이런 점이 높게 평가되어 세계 각국의 고속철로에 이 회사 너트가 많이 사용될 뿐만 아니라 미국 우주왕복선에서도 이 회사 너트가 사용되었다고 하니, 이 기업의 기술 수준이란 과연 세계 최고 수준이라 할 수 있다. 서로 고유의 맛을 내도록 존중하는 문화가 있었기에 중소기업이 설 자리가 있었지 않았나 싶다.

또한 각 단계별로 한 단계 한 단계 검증하며 다음 단계로 넘어가는 문화는, 각 단계별로 기술력을 섬세하게 끌어올리는 효과를 낼 수 있디. 단계별 기술력이 차근차근 쌓이고 또 합쳐진 결과, 그 기술력이 세계적 수준으로 올라갔다고 볼 수 있다. 일본의 자동차, 전자제품 등이 세계 일류가 된 것은 그 부품 하나하나의 생산자를 하찮게 보지 않고, 존중하려는 문화와 단계별 검증하는 문화가 사회적 정서로 남아 있었기에 지금의 일본 기술력이 세계적 수준으로 만들어진 것이다.

비빔밥처럼 어우러져서 빨리빨리 이룩하는 문화는 세계적으로도 유래가 없을 정도의 빠른 속도로 발전할 수 있게 한 원동력이다. 일본의 스시처럼 단계별 검증 문화와 각각을 존중하는 문화는 일본을 세계적인 기술 강국으로 만들었다. 서로의 문화에서 배울 점을 조금씩 받아들인다면 지금보다는 훨씬 높은 수준으로 올라서지 않을까 생각이 든다.

일본인의 개인주의,
와리칸(割り勘) 문화

**남에게 폐를 끼치지 않으려는 배려의 문화에서
일본의 개인주의가 발달하였다.
신세를 지으면 반드시 갚아야 하고, 또 이유 없는 신세는
지지 않으려는 일본인의 정서에서 나온 것이다.**

　일본 사람들은 어릴 때부터 가정이든 유치원이든 우선 '배려'를 가르친다. 남에게 피해를 입히지 않도록 배려하는 습관을 배운다. 그 한 예로 일본인은 '스미마셍'(미안합니다)을 참 많이 한다. 출퇴근 시간에 그 복잡한 전철역을 많은 사람들이 왕래를 하면서도 서로 부딪히지 않도록 서로 조심조심 지나가지만, 어쩌다가 서로 팔이라도 살짝 접촉하게 되면 상대방에게 '스미마셍'이라고 습관적으로 말한다. 최대한 남을 배려하지만 어쩔 수 없이 상대방에게 폐를 끼쳤을 경우 거의 반사적으로 '스미마셍'이라 한다.
　남에게 피해를 입히지 않으려는 배려의 문화는 공공장소에서

많이 느낄 수 있다. 특히 식당에 가 보면 어린이들을 데리고 온 가족들이 많지만, 그 어린이들이 그다지 떠들지는 않는다. 자기들끼리도 조용조용 노는 것을 보면 유치원 때부터 남에게 피해를 주지 않으려는 것을 배웠기 때문이라 느껴졌다. 이렇게 남을 배려하는 모습에서 일본도 개인주의가 발달할 수밖에 없는 것 같고, 그것이 어떻게 보면 선진국형 의식이라고 생각된다.

처음 일본을 가면 자연스럽게 많은 것을 한국과 비교해 보게 된다. 왜냐하면 태어나고 자란 곳의 문화가 익숙하기에 당연히 새로 접한 상대방의 문화가 어색하게 느껴지기 때문이다. 그러나 이것은 어색하다는 것으로 그치거나 우리 문화만 옳다고 할 것이 아니다. 내가 익숙하지 않다는 점만으로 상대방 문화가 잘못되었고 내게 익숙한 문화가 맞다는 이분법 논리는 잘못된 판단이다. 나도 일본에 처음 갔을 때는 이러한 과오를 저지르지 않으려고 객관적인 생각, 좀 더 넓게 보려는 생각, 외국에서 한국을 보려는 생각 등을 하려고 노력했던 것 같다.

한국 부모들이 자기 자식에게 우선적으로 — 가르치려고 한 것은 아니지만 — 몸에 익혀 준 것은 '기(氣)'를 살려 주는 것이었다. 요즘은 좀 약해진 것 같지만 예전에는 자식의 기를 살려 준다고 공공장소에서 눈살을 찌푸리게 하는 행동, 예를 들면 시끄럽게 떠든다든지, 식당에서 뛰어다닌다든지 하는 행동들을 자주 목격했을 것이다. 오죽하면 노키즈존(No Kids Zone)이 나왔을까. 최근 들어서는 자식도 한 명 정도 낳고 또 부모들의 의식 수준이 많이 올라가서 그런지 그러한 행동이 많이 줄어들었다. 게다가 부모들이 자기 자식에게 주의를 주는 모습도 자주 볼 수가 있다. 유치원에서도 함께 생활하는 규칙, 인성 등을 참 많이 가르치고 있는 덕분이기도 하다. 이런 의식의 변화가 일어나는 이유는 다름 아니라 우리나라가 세계화되고 선진국이 되면서 타국과의 비교를 통해 많은 것을 보고 들으며 의식이 성숙해져 가기 때문인 것 같다.

일본의 개인주의에 대해 좀 더 이야기해 보자. 일본의 개인주의를 이야기할 때 '와리칸(割り勘)' 습관을 많이 이야기한다. 식당이나 술집에서 계산서 달라고 할 때 계산서를 '오칸죠(お勘定)'라고 한다. 칸죠, 즉 '칸(勘; 감)'이라는 말은 '헤아린다'라는 말이고, '죠(定; 정)'는 셈, 수지 등을 뜻하는 것에서 계산서를 그렇게 부른다. '와리칸(割り勘)'에서 '와리(割り)'라는 말은 '나눌 할(割)' 자를 보면 알 수 있듯이 '나누다'는 말이고, '칸(勘)'이라는 말은 '오칸죠(お勘定)'의 줄인 말로 계산서를 뜻한다. 그래서 '와리칸(割り勘)'이라는 말은 '계산서를 나눈다'는 말로 각자 부담, 더치페이를 뜻한다.

일본은 이러한 와리칸 문화가 아주 자연스럽게 몸에 익혀져 있다. 오히려 누군가 한 명이 모두 계산하는 것을 어색해하고 미안해할 정도로 와리칸 문화가 깊게 자리 잡고 있다. 그래서 친구들 여럿이서 밥이나 술을 먹으면 식당 주인에게 오칸죠(お勘定)를 부탁해서 1인당 얼마인가를 계산해서 각자 부담하는

것이다. 이런 행동이 매우 자연스럽기 때문에 누구 한 명 어색하게 생각하지는 않는다. 점심시간에 동료 두세 명이 함께 식사를 하고는 각자 나갈 때 카운터에서 본인 부담을 한 명씩 계산을 하고 나간다. 식당 주인도 당연히 와리칸을 하는 것으로 알고 있어서 한 명씩 계산해 준다.

　이러한 와라칸 문화는 과연 어디서 왔을까. 와리칸 문화는 각자가 남에게 폐를 끼치지 않는다는 생각에서 나온 것이다. 신세를 지으면 반드시 갚아야 하고, 또 이유 없는 신세는 지지 않으려는 일본인의 정서에서 나온 것이다. 예전에 대학원을 다닐 때였다. 지도 교수님과 대학원 석박사 학생 7명과 간단히 저녁 식사를 한 적이 있었다. 마칠 때 되어서 학생 한 명이 계산서(오칸죠; お勘定)를 가지고 와서 모두에게 '1인당 얼마'라고 말하니까 각자가 지갑을 꺼내 와리칸을 하려고 하였다. 그때 교수님이 그중 반은 본인이 낼 테니까 나머지 반으로 7명이 '와리칸(割り勘)' 하라고 하였다. 학생들 모두들 너무 감사하다고 말하고 자연스럽게 나누어 내었다. 이 정도로 와리칸(割り勘) 문화는 일본에서 자연스러운 것이다. 한국이라면 얼마 나오지 않은 밥값이라 교수님이 다 지불하든지, 아니면 연장자가 지불하지 않았나 싶다.

　그러면 와리칸을 하지 않고 혼자서 다 지불하면 어떤 반응이 나올까. 한번은 일본 친구 2명과 함께 점심식사를 하고 내가 낸 적이 있다. 한국 문화로는 내가 나이가 많아 내가 낸 것뿐인데,

그 친구들은 '왜 내주느냐', 또는 '무슨 기념일이냐, 부자냐'는 등 약간 의아해하며 물어본 적도 있었다. 그들 입장에서는 이유 없이 신세 지는 것에 대해 익숙하지 않기 때문이다.

우리는 인정을 많이 내세우는 편이다. '사람이 정(情)이 있지 얼마 되지도 않은 밥값을 어떻게 냉정하게 각자 내라고 하겠는가'라며 윗사람이 다 낸다는 생각이다. 아랫사람도 당연히 '윗사람이 내겠지'라고 생각하는 경우도 있다. 그러나 이러한 인정에 이끌린 생각도 시대가 바뀌며 변해 가는 것 같다. 2010년 초반부터 우리나라에서도 이러한 와리칸 문화가 어느 정도 젊은 세대의 의식에 서서히 들어오고 있었다. 매스컴 등에서 발표되는 앙케트 조사를 보면 남녀가 데이트할 때 비용을 각자 낸다든지, 또는 직장 상사, 선배, 연장자가 모든 계산을 해야 한다는 데 부담을 느낀다는 내용을 접할 수가 있었다. 이러한 내용을 보면 2010년 초반 우리나라도 개인주의라는 의식의 변화가 서서히 태동하고 있었다고 보인다.

요즘 회사 근처 식당을 가 보면 일부 테이블을 카운터 테이블 형식으로 해서 혼자 와서 먹을 수 있게 해 놓은 식당들이 좀 있는 편이다. 개인을 보호하기 위한 공간을 마련해 둠으로써 개인을 생각하는 문화가 발달하는 것이다. 일본의 금융가인 오테마치(大手町)나 니혼바시(日本橋) 등을 가 보면 혼자 밥을 먹는 회사원이 매우 많다. 전혀 어색하지 않은 모습이다. 예전에는 한국에서 혼자 식당에서 밥을 먹는 사람도 거의 없었고, 혼자 밥을 먹는다는 것은 왠지 사회생활을 좀 못하는 것처럼 비춰졌을 때도 있었다. 그러나 요즘 우리나라도 혼자 밥을 먹는 사람을 심심찮게 볼 수 있고 특히 회사 식당의 경우 붐빌 때를 제외하고는 혼자 먹는 사람이 늘어나고 있다. 점심시간에는 개인운동 또는 각자의 개인 시간을 갖고 혼자서 점심을 즐기는 것이다. 이렇듯 우리나라도 미국, 일본처럼 개인주의 성향으로 바뀌어 가고 있는 것 같다. 지금 10대~30대 세대들은 완벽한 개인주의로 각자 계산이 아주 당연하게 되었다. 물론 경제가 발전하는 가운데 의식도 변화되는 과정이라고 생각한다. 점점 앞서 발전한 선진국들의 생활, 의식 등으로 수렴해 나가는 것 같다. 그렇다고 해서 나쁘다는 것은 아니다. 우리나라의 고유의 정(情)이 가미된 한국식 개인주의로 발전하기를 기대한다.

일본 전통주택과
조립식 개량주택

<u>습기가 많아 목재를 사용한 점과 통풍에 많이 신경 쓴 구조 (장지문이나 후스마를 활짝 열어 넓은 방으로 해서 사용) 그리고 바닥은 다다미를 사용하는 등 외형적인 특징에 더해 자연을 존중하여 공존하고자 하는 내면이 합쳐진 것이 한마디로 일본 주택의 특징이다.
프리컷(precut) 공법의 조립식 주택, 즉 설계 후 그에 맞게 목재를 자르고, 뚫고, 다듬는 가공을 공장에서 모두 다 해서 건설 현장에서는 끼워 맞추는 작업만으로 주택을 짓는다.</u>

일본은 국토 중 산이 차지하는 비율이 약 80%에 달한다. 그리고 기온이 우리나라보다 높고 습기가 많아 나무들이 잘 자라는 환경이다. 그래서 일본은 목재가 우리나라보다 풍부하다. 일본 전통주택의 특징은 이러한 환경을 잘 살려 나무 자재를 사용한 목조건축이 많고, 구조적인 면에서는 통풍에 신경을 많이 썼다. 즉 습기가 많고 나무가 많아 석재보다는 목재를 사용했고 또한 어떻게 통풍을 잘해서 습기 조절을 할지를 고민했던 것 같다.

일본은 옛날부터 "집을 지을 때는 여름철 주거를 우선 생각해야 한다."라는 말이 있듯이, 고온 다습한 기온에서의 생활이 얼마나 힘든가를 잘 나타내고 있다. 일본의 사계절을 보면 겨울철의 추위는 견디기 쉬운 반면 여름철의 무시아쯔이(蒸し暑い), 즉 끈적끈적한 더위는 견디기 힘들어 이를 피할 수 있는 집을 최상으로 치고 있다. 그래서 바닥재도 우리가 여름철에 돗자리를 쓰듯, 일본은 다다미를 깔고 생활한다.

다다미방의 장지문(좌)과 후스마(우)[14]

일본의 전통 건축물 구조를 보면 외벽, 칸막이, 기둥과 기둥 사이의 장지문(격자 모양의 창틀에 창호지를 바른 미닫이문) 그리고 후스마(큰 방의 칸막이처럼 사용하는 미닫이문)로 되어 있다. 더운 여름철에는 방과 방 사이의 칸막이처럼 되어 있는 장지문이나 후스마를 활짝 열어 칸막이 없는 넓은 방으로 해서 사

---

14 이미지 출처: https://www.pakutaso.com/

용한다든지 또는 통풍을 시킨다든지 하는 등 언제든지 개방할 수 있도록 되어 있다. 어느 나라든 주택 구조는 그 나라의 자연환경에 적합하게 발달하듯, 일본도 계절에 순응하는 생활 방식에 따라 주택 구조가 발달하였다. 일본 주택은 이러한 기본적인 외형에 더해 정신적인 측면이 조금 더 강조되어 있다. 일본인은 자연과 함께하는 삶을 매우 중요시한다. 자연과의 융합, 자연과의 공생, 이런 생각이 일본 국민들 마음 밑바닥에 깔려 있다. 그래서 실내에서 자연을 조망하는 것이 자연과 함께한다고 생각하기에 매우 중요시한다. 이러한 점을 주택에 적용시켜 자연 채광이 잘 들어오게 한다든지, 또는 욕실의 욕조 안에서도 먼 산의 경치를 즐길 수 있도록 하는 등의 구조를 갖춘다. 경치를 조망할 수 없다면 자연 경치를 축소해서 마당에서라도 볼 수 있도록 하려는 마음에 정원을 아기자기하게 꾸민다. 이러한 정서 때문에 분재, 꽃꽂이 등 기술이 발달할 수밖에 없고, 특히 분재의 경우는 일본이 종주국처럼 되었을 정도로 발달하였다.

일본 가정집 정원[15]

15 이미지 출처: https://www.photo-ac.com/ - すんだらみやこ(22125035)

습기가 많아 목재를 사용한 점과 통풍에 신경 쓴 구조, 그리고 바닥재는 다다미를 사용하는 등 외형적인 특징에 더해 자연을 존중하여 공존하고자 하는 내면이 합쳐진 것이 한마디로 일본 주택의 특징이다. 가장 기본적이고 핵심인 이러한 특징에 좀 더 이야기를 하자면 가족이 모일 수 있는 공간을 따로 두었다는 점도 특징이라면 특징이다. 일본의 중산층 정도의 전통 집을 보면 차노마(茶の間)라고 부르는 방이 있다. 한자 그대로 해석을 하면 '차를 마시는 공간'이라는 뜻이 되지만 좀 더 넓은 의미로 가족들이 단란하게 모이는 장소, 즉 현재의 거실과 비슷한 역할을 하는 공간이다. 여기에서 가족들이 식사도 하고 차도 마시며 이야기하는 등 가족 간의 화합을 중시하는 생각에서 나온 구조이다.

이로리(일본식 화로)가 있는 차노마[16]

일본 전통주택의 구조에 있어서 차노마(茶の間)나 이로리(囲炉裏; 일본식 화로, 즉 화로를 중심으로 둘러앉아 차도 마시고

---

16   이미지 출처: https://www.pakutaso.com/

이야기도 함) 등을 중심으로 단란한 가족을 중요시하는 생각은, 미국과 유럽이 거실을 중심으로 주택 구조를 꾸미는 생각과도 서로 일맥상통한다. 일본 주택에서 거실을 중요시하게 된 의식은 1920년대 이후 크게 확대되어 현재까지 일본 주택의 기본적인 사상으로 정착하게 되었다.

일본 전통주택의 구조와 변천에 대해 좀 더 살펴보면, 현관 바로 옆에 접객실이 있다. 우리로 보면 사랑방이다. 우리나라 전통주택이 마당을 중심으로 'ㄷ'자형 구조로 집들이 나열되어 있다고 한다면, 일본의 전통 주택은 현관 옆이 접객실이고 이 접객실과 약간 분리된 느낌으로 주택 안쪽에 마루로써 방들이 연결되어 있다. 그리고 주택의 전면이 아닌 측면이나 후면에 툇마루가 있고 경치를 즐길 수 있는 정원이 있다. 일본 전통주택이 긴 마루로 연결되어 있고 방 내부도 장지문이나 후스마 등 미닫이문으로 구분되어 있어서 약간 복잡한 느낌도 있지만 서로 서로 연결도 되어 아기자기한 면도 있다.

이렇게 아기자기하게 마루로 연결된 전통주택의 구조도 쇼와(昭和, 1926년부터) 시대에 들어서면서 미국, 유럽의 기능주의 영향을 받아 변화하기에 이른다. 즉 주택에 일본식 다다미방(和室)과 부엌 그리고 양실(洋室, 서양식 방) 등 실용적 기능과 동선을 고려하여 각각 배치하기 시작하였다. 일본식 다다미방과 서양식 양실(洋室)이 공존하는 형태는 현재에도 이어져 오고 있다.

1945년 종전 이후 일본은 심각한 주택난을 해결하기 위해 정부 주도로 주택건설이 시작되었는데, 우선은 급한 마음에 대양 주택 공급민을 생각하다 보니, 가설 건물인 바라크 주택(barrack, 기숙사나 군대 막사처럼 임시로 지은 가건물)들이 공급되었다. 이후 거주성과 내구성을 높이기 위해 바라크 주택은 새로운 목조주택으로 건설되어 바뀌어 나간다.

    당시 새롭게 지어지는 목조주택의 구조는 다다미방 2개, 식당 겸 부엌 그리고 화장실로 구성되어 있었다. 방 2개로 침실, 식사, 접객 등 모든 것을 해결해야 했기에 거주하기에 편리한 환경은 아니었다. 이런 형태를 '2DK'라고 하는데 D는 Dining room(식당), K는 Kitchen(부엌)을 의미하며, 그 당시 2DK는 일본 서민 주택의 대표적인 표준설계 구조였다. 주택 구조에서 DK(식당 겸 부엌)라는 독립적인 용어를 쓰면서 비로소 '밥 먹는 곳'과 '침실'이 분리되었다. 그 이후부터 현재까지 일본에서는 주택 구조를 이야기할 때 방의 개수와 거실(Living room), 식당(Dining room) 겸 부엌(Kitchen) 등 여부에 따라 2DK, 2LDK, 3LDK 등 표준화된 용어를 사용하고 있다. 요즘 도심 맨션, 아파트 등에서의 표준적인 일본 주택 구조는 3LDK, 즉 방 3개에 거실(L)이 있고 식당 겸 부엌(DK)이 따로 있는 구조이다.

    겨울철의 일본 난방은 어떠할까. 우리나라는 전통적 난방시설이 온돌이라 바닥이 따뜻하다. 그러나 일본은 바닥이 다다미라 온돌을 설치할 수가 없다. 물론 요즘 집들은 양실(洋室) 방도

있지만 그래도 온돌은 아니다. 우리는 겨울철 바닥이 따뜻해야 하지만 일본은 공기가 훈훈해야 한다. 그래서 다다미방에 코타츠(コタツ; 테이블 밑에 난로를 달아 두고 이불을 덮어 놓은 일본 대표적 난방기구)나 이로리(囲炉裏)를 두어 그 주위에 오손도손 모여 앉아 식사도 하고 차도 마신다. 요즘은 냉·온풍 기능이 있는 에어컨과 코타츠를 주로 많이 이용하고 있는 편이다.

일본의 집들을 보고 우리는 조립식 건물이라고 많이들 얘기한다. 일본 주택가에서 집을 짓는 것을 몇 번 본 적이 있는데, 도대체 집을 짓는 건지 의문이 들 정도로 조용하게 짓는다. 공사로 인한 큰 소음이나 먼지도 그다지 없으면서 뭔가를 열심히 조립하고 있다. 이런 모습을 보고, 우리나라에서 흔히 이야기하는

17 이미지 출처: https://www.free-materials.com/

조립식 건물로 오해하는 경우가 종종 있다.

그러나 이는 프리컷(precut)이라는 공법이며 건축업계에서는 선진기법으로 알려져 있다. 즉 설게 후 그에 맞게 목재를 자르고, 뚫고, 다듬는 가공을 공장에서 모두 다 해서 건설 현장에서는 끼워 맞추는 작업만 하는 것이다. 그래서 일본의 단독주택 공사 현장은 그다지 시끄럽지도 않고 먼지도 많이 날리지 않는다. 집을 짓는 건지 모를 정도로 조용히 짓는다. 한국 건축업자들이 일본의 이런 공법을 배우려고 최근 몇 년 전부터 일본에 벤치마킹을 다니고 연구하고 있다고 한다. 최근에는 일본 건축업자들이 이런 공법들을 가지고 한국으로 직접 진출하기도 한다.

일본의 건축 자재는 매우 표준화되어 있어서 공사 기간도 짧은 데다가 뛰어난 단열, 내진 등의 기능에 디자인까지 잘 갖추고 있다.

유닛토바스(Unit Bath)

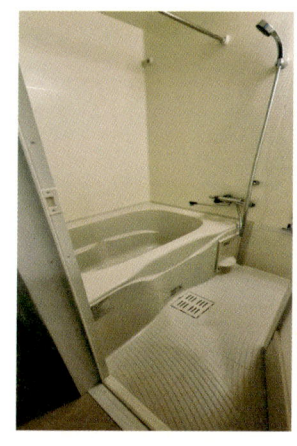
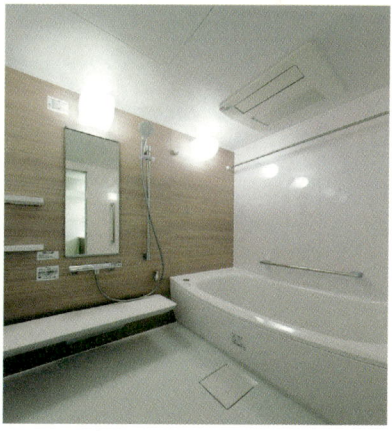

한 예로 유닛토바스(Unit Bath, 일체형 욕실 박스)를 들 수 있는데, 1964년 도쿄올림픽을 준비하면서 일본에서 개발한 제품이다. 즉 강화 플라스틱 재질로 된 바닥과 천장이 있는 욕실 박스인데 세면기, 욕조, 환기시설, 전기시설 등이 일체형으로 되어 있어서 그대로 집 안에 넣으면 욕실 공사는 끝나도록 되어 있다. 이렇듯 표준화와 일체형 등을 들어 일본 주택이 조립식이라고 오해하지만 이런 표준화된 자재나 프리컷 공법 등은 건축업계에서 앞선 기술력으로 평가받고 있다.

지금까지 일본의 주택과 그 변천에 대해 살펴보았는데, 19세기 외국 문물이 들어오면서 일본식 전통가옥들의 구조가 서양식으로 바뀌는 가운데서도 일반적인 주택의 경우 일본식 다다미방이라든지 목조주택 등이 남아서 주택산업의 한 분야를 이루며 발전하고 있다. 우리나라도 역사적으로 비슷한 과정을 겪었다. 그리고 우리나라는 여름보다는 겨울을 보내는 것에 좀 더 신경을 썼기 때문에 세계적인 난방 시스템인 온돌을 가지고 있다. 그 명맥도 더욱 발전적으로 현재까지 이어져 오고 있다. 이러한 온돌 이외에도 한옥에서 또 다른 장점을 좀 더 개발해서 상품화했더라면 좋았을 것이라는 아쉬움이 남는다.

한옥의 장점을 개발하기보다는 당장 살기 편한 아파트 개발에 더 매달렸던 것 같다. 단독주택의 경우는 '빨간 벽돌'로 상징되고 있고 그나마 최근에 지은 것은 석재로 외관을 감싸고 있는 정도이다. 내부는 모두 서양식이다. 일본의 단독주택은 장지문이라든지 후스마, 그리고 다다미 등이 남아 있는 집들이 여전히 많이 있다. 반면 한국은 가끔 아파트를 한옥처럼 인테리어를 하기도 하시만 우리나라 한옥의 정취를 느낄 수 있는 것은 그리 많지 않은 것 같다. 한옥의 장점을 살린 건축 자재나 디자인을 연구 개발해서 표준화할 필요가 있지 않을까. 그동안 주택 공급에 초점이 맞춰져서 아파트 건축에만 집중되었지만 최근에는 아파트 대신 또 다른 주거공간을 찾는 수요자가 많아지고 있다. 땅콩주택, 목조주택, 정원이 있는 단독주택, 타운하우스 등 주거공간에 대한 가치관이 변화하고 있는 것이다. 단지 거주하기 위한 공간에서 내 삶의 공간, 생활의 공간으로 주택에 대한 개념이 서서히 바뀌고 있는 것이다. 이런 시점에 맞춰 한국의 주택 건축산업에도 우리의 한옥을 더욱 연구 개발하여 그런 자재들이 보편적으로 보급될 수 있기를 기대한다.

일본 부동산 트렌드,
외곽에서 도심으로 회귀 중

**2000년대부터 고층 아파트들이 인기를 끌며
외곽에 거주하던 사람들이 다시 도심으로 회귀하기 시작하고,
지금까지 이런 도심 회귀 현상은 꾸준히 일어나고 있다.
최근에는 친환경 및 에너지 절약을 위해 첨단기술이 적용된
아파트나, 유명 건축 디자이너가 설계한 아파트 등을 공급하고 있다.**

    1945년 2차 세계대전이 종전되며 일본은 그동안 전쟁으로 소실되었던 주택으로 심각한 주택난에 빠지게 되었다. 게다가 1955년부터 고도 경제 성장기에 접어들면서 대도시로 폭발적인 인구집중 현상이 발생하여 더더욱 주택 수요가 증가하게 되었다. 당시 일본 주택은 방 2개에 부엌이 달려 있는 주택(2DK)이 일반 서민들이 사용하는 주택으로, 이를 가리켜 우사기고야(うさぎ小屋; 토끼집)라 부를 정도로 공간이 매우 협소하였다. 이 시기 즈음에 일본주택공사가 설립되어 뉴타운 건설과 신시가지 등이 개발되기 시작하면서 집합주택인 '단지'가 대량으로

공급되었다.

당시에 일본의 단지형 집합주택이라는 것은 현재 우리나라의 아파트 단지와는 다른 모습이며, 연립주택들이 모여 있는 정도로 생각하면 된다. 이런 가운데 '단지형' 주택과는 별개로 극히 일부에서는 고급 '아파트(일본에서는 '만션' 즉 맨션이라고 부른다)'도 공급되기 시작하였다. 아파트는 고급 이미지를 부각시키기 위해 레지던스, 빌라, 하이츠 등 세련된 이름을 사용하기도 하였다. 이러한 고급화된 아파트는 1960년대 중반부터 대기업 건설사, 상사 등이 아파트의 대중화 노선으로 본격적으로 분양하기 시작하였다. 이로 인해 '단지'에서 '아파트'로 주거형태가 크게 변화하였다.

일본과 한국의 주거 변화

구분	일본	한국
1960년대	고도 성장기, 맨션(아파트) 공급	
1970년대	도시 확장, 위성도시, 맨션(아파트) 대중화	고도 성장기
1980년대	도시 확장, 위성도시, 맨션(아파트) 대중화	도심 아파트 인기 시작
1990년대	1991년 버블 붕괴로 부동산 하락기 고령화, 인구감소, 실버타운 인기(국내, 해외)	도시 확장, 위성도시 도심 아파트 인기 상승
2000년대	부동산 가격 침체(잃어버린 20년) 도심부 인기 재상승, 해외 실버타운의 국내 회귀 도시재생 1단계(2002~2007)	도시 확장, 위성도시 고령화, 인구감소, 부동산 가격 조정
2010년대	부동산 가격 상승 시작(2014) 수도권 집중 심화 도시재생 2단계(2012~2019)	도심부 인기 재상승
2020년대	수도권 집중 심화 도시재생 3단계(2020~계속)	수도권 집중 심화

일반적으로 일본의 아파트는 우리나라와 같이 대규모 아파트 단지처럼 형성되어 있지는 않다. 모여 있어 봤자 2~3개 동이 모여 있는 정도이고, 단지 형태가 아니기 때문에 외관의 디자인이 각기 다른 건물들이 1동씩 독립적으로 건축되어 있다.

따라서 1970년대와 1980년 초반은 아파트가 대중화되며 수도권을 중심으로 대량 건설되어 공급되던 시기였다. 물론 택지개발로 인해 토지가격이 상승하였을 뿐만 아니라 개발부담금도 부과되어 아파트 가격은 점점 상승해 갔다. 이러한 가운데 베이비붐 세대인 단카이(團塊) 세대(1947~1949년생)의 주택 구입 붐이 일어나며 아파트가 대도시에서 수도권 근교로 확대되어 갔다.

'단카이(團塊) 세대'는 일본에서도 '뉴패밀리'로 인식될 만큼 가부장적 문화에서 탈피하기 시작한 세대이다. 각 가정에서 승용차를 구입하는 등 생활양식에서도 큰 변화를 가져왔던 세대라 그들의 주택 구입 붐은 부동산 산업에 있어서 양적, 질적 향상을 가져왔다. 따라서 기본적인 아파트 구조에서 방 배치라든지, 고급 자재, 편리한 시설 등 모든 면에서 많은 신경을 쏟아부은 고급 아파트들이 대거 등장하기 시작하였다.

1980년대 후반부터는 버블경제기로 아파트 가격이 비정상적으로 상승하였고 급기야 아파트가 투자 개념을 넘어 투기물로 바뀌게 되었다. 이 당시가 아파트 가격이 하늘 높은 줄 모르고 치솟아 수십억 원 하는 아파트들이 활개를 치던 시절이었다.

1991년 버블경제가 붕괴되면서 부동산 가격이 급격히 하락하는 가운데 아파트의 인기도 함께 떨어졌다. 신축 아파트나 전용면적이 큰 아파트의 판매가 상대적으로 줄어들고, 전용면적도 작은 저가형 소형 아파트가 그나마 판매되는 경향을 보였다. 1995년 한신(阪神) 대지진을 거치며 아파트의 내구성 등을 중시하는 경향도 생기게 되었다.

  2000년대 들어서며 토지 가격이 지속적으로 하락하는 가운데에서도 아파트의 대형화가 다시 진행되었다. 특히 대도시를 중심으로 초고층 타워형 아파트가 여기저기 건설되며 '미니 버블'이라 불릴 정도로 아파트 건설에 봄바람이 불기 시작했다. 이때쯤 맞추어 공기 좋고 쾌적한 곳을 선호하던 노인 세대에서 변화 바람이 불어 사람들과 어울리며 살고 싶은 욕구, 편리한 교통 및 주변 상가 등을 선호하며 '외곽에서 도시'로 다시 회귀하는 현상이 발생하였다. 이러한 현상은 외곽으로 떠났던 젊은 층에서도 나타났다.

  최근 대도시에서 아파트를 구입하는 고객층은, 외곽에서 도심으로 회귀하는 사람, 싱글족, 자녀 없는 부부 등으로 다양화되고 있다. 이러한 수요자들의 요구에 맞추어 건설사들은 파티 룸, 게스트 룸 등 공용시설이 있거나 조망권이 좋은 아파트를 짓기도 하고, 친환경 및 에너지 절약을 위해 첨단기술이 적용된 아파트나, 유명 건축 디자이너가 설계한 아파트 등을 공급하고 있다.

  이런 추세에 맞추어 2013년 10월에는 도쿄 시부야(渋谷)에 와인 애호가를 위한 임대 아파트가 탄생하였다. 아파트의 지하에는 와인 저장고가 있어서 아파트 관리인인 소믈리에가 온도와 습도를 관리하고 있고 최대 1만 병 정도 와인을 수납할 수 있다. 세대수는 18세대로 각 집에는 와인셀러와 와인글라스를 장식해 둘 수 있는 쇼케이스가 구비되어 있다. 1층에는 와인 레스토랑도 있다. 완전 와인 애호가를 위한 아파트이다. 각 세대 전용면적은 13~14평으로 월 임대료는 24~26만 엔(260~280만 원)이다. 주변보다 30% 정도 비싸지만 70% 정도가 입주되었다고 한다.

일본 아파트의 시대별 변천 과정을 보았는데, 정리하자면 일본 아파트는 1970~1980년 수도권을 중심으로 대량 공급되며 대중화되기 시작하다가 베이비붐 세대의 주택 구입 붐과 맞아떨어져 아파트 가격이 급격히 상승하였다. 1991년 버블경제가 붕괴되며 부동산에서도 소형, 저가형 아파트를 선호하다가 2000년대부터 고층 아파트들이 인기를 끌며 다시 대형화 추세로 흘러가게 된다. 이 시기쯤 외곽에 거주하던 사람들이 다시 도심으로 회귀하기 시작하고, 2010년 이후에도 이런 도심 회귀 현상은 꾸준히 일어나고 있다. 이런 가운데 최근에는 환경, 에너지, 디자인 등을 고려한 아파트들이 일부 건축되며 단순한 아파트보다 개인의 취향을 중시한 아파트들이 공급되기 시작하였다. 단지 살기 위한 아파트에서 이제는 즐기기 위한 아파트로 바뀌는 것이 최근 일본의 추세이다.

그렇다면 이러한 일본 아파트의 흐름과 추세에 비추어, 한국의 아파트 변천 과정을 살펴보자. 한국도 일본과 마찬가지로 베이비붐세대가 주택 가격과 주택 트렌드에 큰 영향을 미쳤다. 한국에서도 1970년대 경제개발 붐을 타고 여의도, 반포, 잠실 등에 아파트가 지어지기 시작했다. 그러나 수도권에서 본격적으로 아파트가 대량 공급되던 때는 1980년대 목동, 상계동 등 도시 내 신시가지가 들어서면서부터이다. 게다가 1988년 서울 올림픽을 기점으로 아파트 가격이 단독주택 가격을 역전시키며 폭등하기 시작했다. 당시 주택보급률은 70%가 조금 안 되는 수준이었는데, 전반적으로 1980년대는 주택보급률이 하락하던 때였다. 왜냐하면 인구가 늘어나는 데 비해 주택보급 속도는 인구증가 속도를 따라가지 못했기 때문이었다. 어찌되었건 당시의 주택보급률은 70%도 안 되어 주택이 모자랐던 시기였다. 그래서 아파트 가격은 급등하고 주택은 모자라는 상황이라, 급하게 분당, 일산 등 수도권 신도시계획을 발표하며 주택을 공급하였다. 그 결과 1992년 1기 신도시가 완공되어 공급된 덕에 주택보급률은 76%까지 증가하였다.

1기 신도시 공급과 한국 베이비붐 세대(1955~1963년)의 주택 구입 수요가 맞물려 1995년에서 2003년 사이에 주택 수요가 급격히 늘어났다. 서울보다 가격 면에서 유리하고 또 신도시라는 장점도 있어서 젊은 층, 노인층 등 공기 좋은 외곽지역으로 많이 나갔다. 실제로 아파트 가격 추이를 보면 1999년부터

2003년에 급등한다. 일본의 베이비붐 세대의 주택 수요로 인해 1989~1990년 부동산 가격이 급등하여 버블경제의 피날레를 장식하던 것과 비슷하다. 그러나 이 시기 한국은 아파트 가격 급등을 잡기 위해 판교, 화성 등 2기 신도시 개발을 발표하며 공급을 더욱 늘리는 정책을 시도하였다. 그 덕택에 2기 신도시는 2007년도에 완공되고 2008년 주택보급률이 100%를 넘어선다. 그 후 글로벌 금융 위기, 미분양 사태 등을 겪으며 아파트 가격이 확실히 꺾이기 시작하였다. 수도권 외곽의 신도시 아파트를 중심으로 반토막 이상 가격이 하락한 것을 보니, 일본의 부동산 버블이 붕괴된 것과 비슷한 것 같다. 일본이 버블 붕괴 후 소형 아파트, 저가 아파트가 인기를 얻었던 것처럼, 한국도 요즘 대형보다는 중소형 아파트가 더 인기가 있다.

여기까지가 현재 한국의 부동산 특히 아파트 현황이다. 일본의 아파트와 한국의 아파트는 지금까지 대량 공급되었다가 공기 좋은 수도권 외곽지역으로 확대되었고 가격 급등기(버블기)와 하락기 등을 거치는 변천사가 서로 비슷한 추이를 보인다. 그렇기 때문에 향후 한국의 아파트 미래를 일본 아파트의 변천 추이에 비추어 본다면, 앞의 일본 아파트 변천사에서 이야기했듯이, 아마도 아파트 경기가 회복될 즈음에는 아파트의 양극화, 즉 일부 고급 아파트의 대형화와 보편적인 소형 아파트로 양극화될 가능성이 높다. 그리고 외곽으로 나갔던 세대들이 인프라의 편리성으로 도심으로 다시 회귀할 가능성이 높다. 특히 병

원, 교통, 문화시설 등 편리성 때문에 노인층이나 은퇴 부부 등에서 도심으로의 회귀가 많이 늘어날 것이다.

우리나라 부동산 개발도 노심을 계속 확장하며 개발했는데, 도심의 인프라에 대한 가치가 재평가되며 다시 도심으로 회귀하는 현상이 발생할 수 있기 때문이다. 아마도 이제는 도심을 리모델링하고, 또 천편일률적인 성냥갑 고층 아파트에서 디자인을 입혀 도시 미학을 고려한 아파트를 짓고, 에너지 효율화 및 친환경으로 설계된 아파트가 요구될 것이다. 일본의 와인 아파트처럼 개인의 취향을 고려한 아파트가 등장할 날도 멀지 않았다. 또한 아파트 이외의 주택에서도 붉은 벽돌 이미지의 다가구, 다세대 주택에 친환경 웰빙 자재를 이용하거나 디자인 및 공간 활용도를 높인 새로운 주택문화가 요구되고 있다.

이렇게 흘러갈 것이라고 전망하는 가장 큰 이유는 주택에 대한 의식이 바뀌고 있기 때문이다. 단지 '살아가야 하는 장소' 또는 '투자하는 곳'이라고 인식되었던 지금까지의 주택에 대해 이제는 '삶을 만들어 가는 곳'이라고 느끼는 사람들이 많아지고 있다. 전세 제도에서 월세 제도로 바뀌고 있듯, 집에 대한 의식도 바뀌고 있는 중이다. 천편일률적인 성냥갑 아파트에서 본인만의 정원이 달린 단독주택을 찾는다든지 또는 몇몇이 어울려서 정원을 함께 공유하는 타운하우스, 작지만 자신만의 공간을 만드는 땅콩주택, 친환경 자재나 태양열을 이용한 주택 등 개인의 취향에 따라 다양한 주택형태로 발전하고 있다.

60대의 80% 이상이
자기 집 보유, 왜 높을까?

일본은 우리나라의 전세와 같은 제도는 전혀 없고 오로지 월세 개념이라 매월 고정으로 들어가는 집 렌트비를 줄이는 것이 저축의 첫걸음으로 생각한다. 또한 노후 연금 생활에서 월세가 나가지 않게 하는 것은 매우 중요한 사항이다.

일본 금융광보중앙위원회(金融廣報中央委員會)의 '2012년 가계 금융행동에 관한 여론조사'를 통해 일본인 중 현재 자기 집이 없는 세대를 대상으로 자가 주택을 구입할 예정이 있는지에 대해 알아보았다.

자가 취득 계획(2012년)

5년 이내 구입 계획을 갖고 있다	15%
10년 이내 구입 계획을 갖고 있다	8%
향후 구입 계획을 갖고 있다	6%
당장은 구입 계획이 없다	31%
상속받을 예정이다	17%
주택을 평생 구입하지 않겠다	23%

주) 금융광보중앙위원회

조사 결과에 따르면, 주택을 평생 구입하지 않겠다는 세대는 23%, 5년 이내 구입 계획을 갖고 있는 비율은 15%, 10년 이내 구입 계획을 가지고 있는 비율은 8% 정도였다. 그리고 주택을 상속받을 예정에 있는 비율도 17% 정도였고, 당장은 생각해 보지 않았지만 자가 주택을 구입할 것이라는 비율도 30%가 넘었다.

10년 뒤인 2022년 자가 소유 대한 의식이 20~30대에서 높게 나오고 있다.

자가 소유 및 계획 앙케트 조사(2022년)

항목	60대 이상	50대	40대	30대	20대
소유하고 있다	90%	74%	56%	42%	20%
현재 구입을 검토하고 있다	3%	6%	10%	17%	21%
장래 소유하고 싶지만 현재 검토 중이지 않다	5%	13%	24%	31%	40%
장래에도 소유하고 싶지 않다	2%	7%	10%	10%	19%

주) My House Palette

그리고 향후 자가 주택을 소유하지 않겠다는 비율이 2012년에는 23%였는데, 2022년 연령대별로 보아도 20대가 19%, 30~40대에는 불과 10%밖에는 되지 않는다. 아무튼 일본인들의 의식에는 자가 주택을 구입할 의사가 꽤 많다는 것은 사실이다.

그러면 일본 주택이 비싼 것으로 알고 있는데, 일본인의 자가 주택 구입비는 어느 정도 될까. 주택의 규모, 위치 등에 따라 천차만별이지만 그래도 평균적으로 생각하고 있는 신축 아파트 구입비는 도쿄 23구의 경우 10억 원, 수도권의 경우 5억 원 정도이다(일본 부동산경제연구소에 의하면 전유면적 20평 기준, 2023년 도쿄 평균 1억 1,483억 엔, 수도권 평균 5,427만 엔). 아파트 구입 시, 대략 20%의 자기자금과 나머지 대출로 구입하지만(원리금 균등변제, 1% 후반대의 고정금리), 대출수수료와 세금만 자기자금으로 하고, 나머지 건물 가격 전부를 35년 주택론을 활용해서 구입할 수도 있다.

2013년쯤 도쿄 중심부를 개발하고 있는 유수의 일본 부동산 회사를 방문한 적이 있었다. 일본인의 자기 집 보유 비율이 생각보다 높아서 의아해하며, "일본에는 집값이 매우 비싸서 샐러리맨이 자기 집을 구입하기가 어렵지 않느냐?"라고 질문을 한 적이 있었다. 당시 만났던 그 부동산 회사 직원은 40대 초중반 정도였던 사람인데, 본인도 자기 집을 가지고 있고 또 자기 나이 정도면 대부분 자기 집을 가지고 있다고 했다. 1980년대 후반 부동산 버블로 집값이 폭등하며 실제로 일본 샐러리맨이 집을 사기 매우 힘든 때가 있었다. 우리는 일본 버블경제 시대에 알려진 사실을 지금도 기억하며 '일본은 집값이 엄청 비싸 샐러리맨은 자기 집을 평생 사지 못할 정도이고, 자기 집이 있는 그 자체가 매우 부자다'라는 생각이 오랫동안 머릿속에 박혀 있었다. 그런데 40대 직장인 대부분이 집을 가지고 있다고 하기에 통계를 찾아 보았다.

일본 연령별 자가 보유율 추이

	전국	30세 미만	30~49세	40~49세	50~59세	60세 이상
1988년	61.3%	12.1%	49.6%	69.0%	77.3%	78.6%
1998년	60.3%	8.1%	39.4%	67.0%	75.1%	80.5%
2008년	61.1%	7.5%	39.0%	62.7%	74.6%	80.2%
2018년	61.2%	6.4%	35.9%	57.9%	67.9%	80.0%

주) 총무성 통계국 '주택 토지 통계조사'

일본 총무성의 조사에 따르면 2018년 자기 집 보유 비율이 30대는 36%, 40대는 58%, 50대는 68% 그리고 60대 이상은 80%로 나타났다. 40대에 58%가 자기 집을 보유하고 있다면 집 사기가 그다지 어려운 것이 아니라고 느껴지지 않은가.

그러면 한국의 상황을 한번 살펴보자.

한국 연령별 자가 보유율 추이

	30~49세	40~49세	50~59세	60세 이상
2022년	22.7%	41.6%	44.8%	50.9%

주) 국토교통부 주거실태조사(2022년) 기초로 추정

국토교통부 주거실태조사 자료를 바탕으로 2022년 자가 보유율 추이를 추정해 보면, 40대가 42%, 50대가 45%, 60대 이상이 51%로 추정이 된다. 참고로 2012년 통계청 인구주택조사에 따르면 한국의 2인 이상 가구 중 자가 보유율은 2012년 40대는 55%, 50~60대는 60%가 넘는 수준으로 알려져 있었다. 일본보다 많이 낮은 편이다.

한국과 일본은 역사적, 문화적으로 서로 비슷하여 생각하는 것도 비슷한 점이 많다. 그중 한 가지가 집에 대한 소유 의식이다. 특히 집을 소유해야지 돈을 모을 수 있다고 생각하는 점은 비슷한 것 같다. 일본은 우리나라의 전세와 같은 제도는 전혀 없고 오로지 월세 개념이라 매월 고정으로 들어가는 집 렌트비를 줄이는 것이 저축의 첫걸음으로 생각한다.

한국과 일본 두 나라 모두 주택보급률이 100%를 넘는다. 전체 가구가 집을 한 채씩 가질 수 있을 만큼 충분히 있다는 말이다. 그런데 일본은 자기 집을 소유하는 비율이 높은 반면 한국은 일본에 비해 상대적으로 낮다. 한국인이 자기 집을 소유하려는 의식이 약해서 그럴까. 그렇지는 않다. 한국인의 집에 대한 소유 의식은 일본보다도 높을 것이다. 그런데 실제 자가 보유율은 낮게 나온다. 왜 그럴까.

한국과 일본의 주택 보유율 차이에서 한국의 주택 미래를 전망해 볼 수 있을 것이다. 즉 현재 한국은 일본과 비슷하게 자가 주택 보유율이 올라갈 가능성이 있다. 왜냐하면 임대주택 가운데 월세 비율이 전세 비율을 앞지르고 있듯이 전세 제도가 없어져 가고 대신에 월세 제도가 확대되고 있는 과도기에 있다. 월세 제도가 확대되고 있는 상황에 돈을 모으려면 우선 월세를 줄이거나 월세를 안 나가도록 하는 방법이 우선시될 것이다. 월세를 안 나가게 하려면 자기 집을 구입해야 한다. 적은 규모라도 일단은 자기 집을 우선 구입해야만 돈을 모을 수 있을 것이라는 생각을 할 것이다.

현재의 자가 보유율이 일본에 비해 상대적으로 낮은 이유는 주택을 삶의 터전보다는 투자로 보는 경향이 좀 더 강하고, 또 전세 제도가 여전히 남아 있기 때문이다. 게다가 주택에 있어서 빈부 차가 심한 것도 하나의 이유가 된다.

우선 주택을 삶의 터전보다는 투자로 보는 경향에 대해 얘기해 보자. 한국인과 일본인에게 있어서 집이라는 의식에는 좀 차이가 있는 것 같다. 일본인은 삶의 터전이라는 의식이 좀 강한 반면 한국인은 여전히 삶과 투자라는 의식이 좀 더 강한 것 같다. 얼마 전까지만 하더라도 아파트 청약에 어마어마한 열기를 보였던 지역도 있었고 매매가격이 천정부지로 치솟은 적도 있었다. 부동산 투자를 위해 담보대출을 받고, 전세를 받아 그 돈으로 또 부동산 투자를 하고 이런 악순환이 반복되는 시기가 있었다. 이제는 부동산 가격이 떨어져서 예전만큼 인기는 없다. 가격이 떨어지니 투자보다는 삶의 터전이라는 의식이 자리 잡을 때가 온 것이다. 집을 삶의 터전으로 본다면 집이 아파트만 있는 것이 아니라는 것을 곧 알게 될 것이고, 좀 더 다양한 종류의 집들이 눈에 보일 것이다. 즉 단독주택(다가구주택 포함), 다세대주택 등 삶의 터전으로 자리 잡을 수 있는 집들이 눈에 들어올 것이다. 아무리 낡고 좁은 집이라도 자기 집에서 산다는 것이 얼마나 편안한지를 느낄 때 아마도 삶의 터전을 마련하려고 할 것이다.

자가 보유율이 일본에 비해 상대적으로 낮은 두 번째 이유로는 전세 제도가 여전히 남아 있다는 점이다. 전세 제도하에서는 집을 보유하려는 의지가 월세 제도하에서보다는 절박하지 않다. 큰 흐름이 전세 제도가 사라지고 월세 제도로 바뀌고 있는 과정이기는 하지만 전세 제도가 아직 남아 있기 때문에 집을 보유하려는 의지가 그렇게 강하지는 않다.

마지막 이유로는 주택에 있어서 빈부 차이가 심하다는 점인데, 여전히 주택을 투자 대상으로 보는 경향이 강하여 다주택 보유자가 많은 편이다. 주택보급률이 100%가 넘어도 1가구 2주택 이상 소유자가 상당히 많은 반면 주택을 소유하지 못한 사람도 많아 양극화가 된 것이다.

지금까지 한국이 일본보다 주택 보유율이 낮은 이유에 대해서 살펴보았는데, 한마디로 말하자면 한국은 이제 주택을 삶의 터전으로 느끼기 위한 과도기에 있다는 것이다. 일본도 1980년대 후반 부동산버블과 그 붕괴를 겪었고 현재에는 집 자체가 삶의 터전이 되었다. 삶의 터전 형태도 단독주택, 아파트, 다세대(빌라) 등 균형 잡힌 비중으로 살고 있다.

한국도 몇 년 전까지 아파트 가격 버블이 있었고 현재는 어느 정도 가격이 하락한 시점이다. 최근 들어 일본의 단독주택을 따라 한 땅콩주택, 외관 디자인과 실용성을 겸비한 단독주택, 대규모 단지 개발이 아닌 기존 마을 형태를 유지하는 개발 등 단독주택에 대한 관심이 살아나고 있다. 부동산 가격이 하락한 시점에서는 투기가 힘들 것이고 실수요 투자만 살아날 것이기 때문에 주택을 보는 관점이 삶의 터전에 중점을 맞춘 방향으로 전환될 것이다. 전세 제도도 얼마 가지 않아서 사라지게 될 것이다. 이런 환경이 되면 자기 집을 소유하려는 의지가 높아질 것이고 집 형태도 아파트에서 단독주택, 다세대(빌라) 주택 등으로 좀 더 다양화될 것이다.

2010년대 초반 일본 모기지 업체가 한국에 진출했다. 주택 구입을 위해 대출 수요가 증가할 것으로 보고 진출한 것이다. 한국도 저금리 시대로 접어들었기 때문에 저금리로 장기 모기지 론을 받아서 주택을 구입하고 장기에 걸쳐 론을 갚아 나가는 시대가 도래하였다. 큰 평수를 선호하거나 주거형태도 아파트 일색에서 이제는 작은 평수를 선호하며 다양한 주거형태로 관심이 넓어지기 시작했다. 월세 제도로 완전 전환되는 가운데 '투자에서 삶의 터전'으로 주택에 대한 의식이 조금씩 바뀌고 있어서 얼마 가지 않아 주택 보유율이 일본처럼 높아지지 않을까 한다. 여기에 따라 주택의 다양한 발전, 모기지 상품의 확대, 노후대책에 대한 인식 변화, 건설업계의 비즈니스 모델 변화 등 다양한 파급이 사회적으로 일어나지 않을까 기대된다.

집주인과 세입자의 마찰이 없는 주택 임대 관리

일본의 부동산 중개업자는 임대건물의 관리까지 함께 하는 경우가 많다. 집주인이 부동산 중개업자에게 임대계약부터 관리까지(월세 수령, 수리 등) 거의 모든 관리를 일임해 놓고 있어서 세입자는 계약기간 만료까지 집주인을 한 번도 보지 못하는 경우도 많다.

한국과 일본은 부동산이 자산관리의 큰 부분으로 차지하고 있다. 한때는 '자기 집을 반드시 사야 한다'는 의식이 사회 전반적으로 팽배했던 때도 있었다. 일본은 1980년대 부동산 광풍이 불어 가격이 하늘 높은 줄 모르고 올라가던 시기가 있었던가 하면 1990년대에는 반토막도 모자라 1/3토막이나 1/4토막까지 나며 꺾여 버렸던 시기도 겪었다. 한국도 아파트 가격이 천정부지로 올라가는 시기가 있었던가 하면, 요즘같이 일부 특정 지역에서는 반토막으로 내려앉은 곳도 있다. 한국과 일본은 서로 부동산에 있어서는 관심이 매우 높은 나라다.

한국의 공적인 주택 종류는 크게 분류해서 공동주택과 단독주택으로 나뉘며 공동주택에는 아파트, 연립주택, 다세대주택이 포함되고 단독주택에는 다가구주택과 단독주택이 포함된다. 우리가 이야기하는 '빌라'라는 것은 다세대주택을 일컫는 말이다.

일본에서는 우리나라의 아파트에 해당되는 곳을 '만숀(맨션)'이라 부르고 연립주택, 다세대 또는 다가구 주택을 아파트라 부른다. 대부분 유학생들은 원룸이나 투룸 아파트를 빌려 거주한다. 우리나라의 다가구 또는 다세대 주택의 원룸이나 투룸 등을 임대해서 거주하는 것과 같다.

일본은 주택 임대 시 드는 비용이 표준화되어 있다. 우리나라는 전세 제도가 일반적이어서 월세 제도(최근에는 전세에서 월세로 많이 전환되었지만)가 표준화되지는 못한 면이 있다. 일본은 임대 계약을 하기 위해서는 표준적으로 월 임대료의 6개월분의 금액이 필요하다. 즉 월세 10만 엔의 방을 구한다고 하면, 그 방 월세의 6개월분인 60만 엔이 계약 시 필요하다는 말이다. 왜 '6개월'이라는 표준적인 금액이냐 하면, 시키킨(敷金) 2개월, 레이킨(禮金) 2개월, 마에야칭(前家賃) 1개월, 부동산 중개수수료 1개월 등이 필요하기 때문이다. 그러면 한 가지씩 그 의미를 살펴보자. 우선 시키킨(敷金)의 시키(敷; 깔 부)라는 의미는 '깔다', '펴다'라는 의미로 시키킨(敷金)은 '깔아 놓는 돈' 즉 보증금에 해당된다. 레이킨(禮金)의 레이(礼=禮; 예도 예)는 '예의를 차린다'라는 의미로 집주인에게 집을 빌려줘서 고맙다는 의미로 드리는 사례금이다. 마에야칭(前家賃)은 선불 임대료이다.

이렇듯 어떤 방이든 기본적으로 '월세의 6개월분'이라는 어느 정도 표준화된 임대 계약 형태가 정해져 있다. 계약 기간이 끝나 이사를 갈 때는 시키킨(敷金; 보증금)으로 맡겨 놓은 2개월분만 받아 나온다. 간단히 말해 10만 엔 방을 계약하고자 한다면 계약할 때 총 60만 엔이 필요하고, 이사 나올 때는 20만 엔만 받아 나온다. 1990년 부동산 버블이 붕괴된 이후부터는 부동산 경기가 좋지 못해 시키킨(敷金)이나 레이킨(礼金)이 없는 주택도 꽤나 나오고 있다. 그리고 도쿄 또는 도쿄의 중심가에서 멀어지거나 또는 집이 오래되어 낡을수록 집주인들이 융통성 있게 시키킨(敷金)이나 레이킨(礼金)을 조절하여 임대를 하는 경우도 최근에는 많이 있다.

한국과는 달리 일본의 부동산 중개업자는 임대건물의 관리까지 함께 하는 경우가 많다. 집주인이 부동산 중개업자에게 임대 계약부터 관리까지 거의 모든 것을 일임해 놓고 있어서 세입자는 계약기간 만료까지 집주인을 한 번도 보지 못하는 경우도 많다. 임대료 납부는 부동산 중개업자의 계좌로 납입하고 부동산 중개업자는 자신들의 관리 수수료를 제외하고 집주인에게 월세를 납부하는 시스템이다. 세입자의 월세 연체, 불평, 수리 등 모든 문제는 부동산 중개업자와 이야기하는 것이 보편적이다. 월세가 연체되면 부동산 중개업자로부터 연락이 오고, 수도가 고장 났을 경우에도 부동산 중개업자를 통해 수리를 한다. 그렇기 때문에 집주인과는 부딪힐 일이 거의 없다고 보면 된다.

반면 우리나라의 부동산 중개업자는 중개업무만 하는 편이고 실질적인 건물 관리는 하지 않는다. 임대 물건을 가지고 있는 집주인들과의 관계를 돈독히 하고자 집주인과 세입자 사이에서 문제가 발생하면 가끔 중재 역할을 하기도 하지만 실질적으로는 집주인이 관리를 다 한다. 즉 세입자가 월세를 연체해도 집주인이 직접 세입자에게 연락하고 해결한다. 수도나 보일러 등이 고장 나도 세입자는 집주인에게 연락을 한다. 지난겨울에는 보일러 동파가 많이 발생하여 집주인과 세입자 간의 분쟁이 너무 많이 발생했다. 그래서 일부 지자체에서는 분쟁의 소지를 해결하기 위해 보일러 동파 시 책임 소재에 대한 가이드라인을 정해 홍보하기도 했다.

집주인과 세입자 사이에 관계가 좋으면 별 문제가 없지만 문제가 발생하면 서로 마음이 상할 수 있다. 특히 집주인과 세입자와의 사이에서 분쟁이 자주 발생하는 때가 세입자가 이사를 나갈 때이다. 세입자가 짐을 다 뺐다고 집주인에게 연락을 하면 집주인은 집 상태를 확인하러 와서 욕실 세면대가 깨졌다느니, 청소를 안 했다느니, 벽에 못을 박아 금이 갔다느니 또는 현관문을 고장 냈다느니 하면서, 보증금에서 수리비를 공제하고 내주겠다고 한다. 그러면 세입자는 처음부터 깨져 있었다느니, 못을 박은 적이 없다느니, 쓰다 보니 닳아서 그렇지 고장이 아니라고 하면서 반박한다. 결국 부동산 중개업자가 이리 저리 중재 역할을 하면서 수리비 반반을 제시하고 집주인과 세입자는 마음이 상하지만 마지못해 받아들이며 좋지 않게 헤어지는 경우가 종종 발생한다.

또 이런 저런 세입자와의 분쟁 등이 골치 아파 임대사업을 안 한다는 사람들도 많이 보았다. 집주인인 60~70대 부모 세대들은 요즘 들어 임대사업 하기가 더 골치 아프다는 소리를 많이 한다. 왜냐하면 인터넷 등 정보로 무장한 젊은 층 세입자들이 따지고 들면 감당하기가 힘이 들기 때문이다.

게다가 지금까지 한국의 주택 임대 관리는 한마디로 주먹구구식으로 많이 했기 때문에 기성세대와 신세대 간의 분쟁이 자주 발생한다. 기성세대는 보증금, 월세 등 큰 것만 계약서에 쓰고 나머지는 상황에 따라 그때그때 집주인이 결정하는 것이 관례라고 생각하지만, 젊은 신세대는 계약서에 없는 것은 책임질 수 없다고 생각하기 때문이다. 그리고 인터넷을 사용하여 비슷한 사례 등 정보 수집이 빨라 적절하게 대응하기도 한다.

그러면 일본의 경우는 어떠한가. 일본의 경우는 집주인과 세입자 간의 분쟁 소지가 그다지 없다고 볼 수 있다. 우선 세입자가 이사를 나가도 집주인과 부딪힐 일이 거의 없다. 모든 처리를 부동산 중개업자가 처리하기 때문이다. 부동산 중개업자는 처음 세입자가 이사 올 때, 집 상태에 대한 체크포인트를 만들어 체크를 한다. 실제로 내가 임대 계약을 마치고 이사 들어가기 전, 부동산 중개업자가 체크포인트 서류와 카메라 등을 가지고 우선 집의 현재 상태를 점검하였다. 체크포인트에는 현관문 상태, 화장실 변기 상태, 화장실 벽면 상태, 수도꼭지 상태, 방 벽 상태, 창문 상태 등 굉장히 꼼꼼하게 점검하도록 되어 있었다. 점검 결과는 양호, 보통, 나쁨으로 체크를 하고 서술형식으로 적는 곳도 있었다. 세면대에 금이 간 부분이 있으면 사진을 찍어 두고 줄자로 금 길이를 재기도 했다. 내가 방바닥의 얼룩을 지적하니 사진을 찍어 두는 것이었다. 벽에 못이 박혀 있으면 못 숫자도 점검했다. 방 상태 점검이 끝나면 그 체크포인트에 세입자인 내가 확인 서명을 하도록 되어 있었다. 이사를 나갈 때도 똑같은 방법으로 이사 올 때 작성했던 체크포인트와 대조하며 하나하나 꼼꼼히 점검하는 것이었다. 수도꼭지가 고장 났다든가 현관문 손잡이가 부러져 있으면 처음 작성했던 체크포인트 서류와 사진을 대조해서 세입자의 과실이면 보증금에서 수리비를 차감하고 내어준다. 세입자가 입회하여 확인 서명한 체크포인트를 바탕으로 대조하기 때문에 서로 불필요한 분쟁의 소지는 줄어든다.

  서울 및 수도권의 주거형태만 놓고 보면 단독주택(다가구주택 포함), 다세대주택이 51% 차지하고 있고, 아파트의 비율이 49%이다. 물론 아파트를 보유하고 있는 사람들도 임대를 하는 사람들이 많지만, 다가구주택이나 다세대주택(건물 전체를 한 사람이 보유하는 경우)의 경우 3~4층 규모의 건물이면, 원룸 또는 투룸 합해서 적어도 3~4개에서 많게는 십수 개 정도 임대를 할 수 있다. 지금은 대부분 집주인이 직접 임대료를 받고 수리도 직접 알아봐서 한다. 그리고 집주인은 50대 이상이 대부분일 것이다. 특히 60~70대는 본인들이 직접 건물 청소를 하기도 하고 자기 동네 부동산을 이리저리 뛰어다니며 정보도 듣고 또 세입자들의 요구를 직접 듣기도 한다. 베이비붐 세대나 보릿고개 세대들은 시대적 어려움을 겪고 자랐고 또 월세 수령 또는 세입자와의 분쟁이 신경 쓰여도 은퇴 이후에 이만한 것이 없다는 생각에 임대 관리에 적극적이다. 그런데 그 자녀들은 부모 세대의 생각과는 달리, 월세 수령, 세입자와의 분쟁소지 등에 매우 민감하게 반응을 한다. 부모들이 나이가 들어 살던 집을 자식에게 넘겨주려고 하면 자식들이 임대 관리하기가 골치 아파서 싫다며 처분해서 현금으로 달라고 요구한다고 한다. 또는 증여나 상속으로 받더라도 속 편히 살겠다고 팔고 떠나는 사람도 보았다. 즉 편하게 살겠다는 것이 젊은 세대들의 요구이다.

 이런 부모 세대와 자식 세대 간의 생각 차이로 인해 새로운 사업이 생겨날 수 있다. 일본의 부동산 중개업자들이 하고 있는 부동산 관리서비스가 한국에 들어와서 정착된다면, 지금까지 월세가 잘 나올지, 집 관리에 애를 먹지 않을지 등 걱정 때문에 선뜻 임대사업에 나서지 못했던 은퇴자나 임대 관리를 귀찮게 여겼던 젊은 세대들의 수요가 많아질 것이다. 또한 직접 임대 관리를 하던 70~80대 부모 세대들도 그동안 임대 관리에 매달려 있었던 것을 월 수수료를 내며 부동산 관리업체에게 맡겨 버리면 신경을 덜 쓰게 되므로 아마도 임대 관리 수요가 많아질 수 있을 것이다.

최근 정부는 2014년 2월부터 주택법 시행령을 개정하여 '주택임대 관리업'을 본격 출범시켰다. 따라서 주택임대 관리회사는 위탁받은 주택의 공용·전용부분의 시설·설비 관리와 함께 임대료 징수, 임차인 관리 등 주택 임대분야에 특화된 서비스를 하게 될 것이다. 대상 주택은 아파트를 포함한 일반주택은 물론이고 오피스텔, 고시원, 기숙사 등 주택법상 준주택까지 포함된다.

몇 년 전 한 일본의 대형 임대주택 사업체가 한국의 미분양아파트 한 동 전체를 매입해서 임대사업을 하려고 한다는 기사를 보았다. 아마도 일본에서의 사업모델을 한국에서 하려 하니 임대 시스템 차이로 인한 여러 가지 어려움이 있었을 것이다. 그로부터 몇 년 시간이 흘러 이제야 주택임대 관리업이 시행되는 것을 보니 일본의 사례를 많이 참조하였을 것이라는 짐작이 간다.

주택임대 관리업은 일본의 월세 제도를 바탕으로 체계를 잡아 왔고 발전해 왔다. 우리나라는 현재 임대주택이 전세에서 월세로 바뀌고 있는 과도기적 시기이다. 어찌 보면 주택임대 관리업이 나오게 된 배경은 이러한 임대 제도의 변화에 따른 순리로 보인다. 월세로의 전환 속도가 빠를수록 주택임대 관리업은 더욱 발전하지 않을까 생각된다.

경제 위기 이후에는
귀농 열풍?

<u>1990년 버블 붕괴 직후부터 도쿄에 거주하던 사람들이 도시 생활을 접고 주변 수도권 지역으로 옮겨 갔다. 경기 호황 때는 농촌에서 도시로 몰려들다가 경제 위기가 터지면 실직, 경기 침체, 불황 등 영향으로 경제적으로 도시 생활을 유지하기가 어렵게 되거나 또는 그동안 도시 생활에 힘들게 버텨 왔던 것이 경제 위기를 계기로 마음의 여유를 찾을 수 있는 곳으로 떠나고 싶은 것이다.</u>

일본의 버블경제 붕괴 이후 경제 침체기가 이어지는 동안 도시를 떠나 시골로 내려가 농사를 지으려는 신규 귀농자 수는 매년 증가하였다.

일본 농림수산성에 따르면 버블 붕괴 시점인 1990년 1만 5,700명이던 귀농 인구는 그 후 매년 급속히 증가하여 1995년에는 한 해에만 무려 10만 명을 넘어섰고, 2000년에는 7만 명 이상이 귀농을 하였다. 그 후 2006년까지 매년 귀농 인구가

7~8만 명을 유지하다가 2007년부터는 귀농 인구가 줄어들기 시작하였다. 2008년 글로벌 금융 위기로 잠시 귀농 인구가 증가세를 보이기는 했지만 전반적으로 2007년부터 하락세에 접어들었다. 당시 귀농 인구의 비율을 보면 60세 이상이 절반을 차지하고 40세 이상도 35% 정도를 차지했다. 버블경제가 붕괴된 후, 장기 경기침체에 내몰린 샐러리맨의 귀농이 특징적이었고, 한 번도 농사를 지어 보지 않았던 여성들도 눈에 띄게 증가하였다.

도쿄와 도쿄를 중심으로 둘러싸고 있는 주변 지역인 치바현(千葉県), 가나가와현(神奈川県), 사이타마현(埼玉県) 등의 인구 순유출입 상황을 살펴보면, 버블경제 붕괴 당시인 1990년부터 1996년까지 도쿄에서는 인구 순유출이 일어난 반면 주변 3개 지방은 순유입이 발생하였다. 1990년만 보더라도 도쿄로 들어오는 사람보다 도쿄를 떠나는 사람이 5만 명이나 많았다. 수도권에서 상기 3개 지역으로 약 15만 명이 순유입되었다. 그러나 1997년부터는 다시 도쿄로 인구 순유입이 일어나기 시작하며 2008년까지 매년 큰 폭의 인구 유입이 발생하였다. 2009년부터는 유입되는 증가 폭이 소폭 줄어들고 있다.

그러면 1990년 버블 붕괴 직후부터 도쿄에 거주하던 사람들이 도시 생활을 접고 주변 수도권 지역으로 옮겨 갔다는 말이다. 농사를 지으려는 사람, 고향으로 다시 돌아간 사람 또는 도쿄보다 좀 더 싼 곳으로 이사하는 사람 등 여러 가지 이유가 있었을 것이다. 경기 호황 때는 농촌에서 도시로 몰려들다가 경제 위기가 터지면 실직, 경기 침체, 불황 등 영향으로 경제적으로 도시 생활을 유지하기가 어렵게 되거나 또는 그동안 도시 생활에 힘들게 버텨 왔던 것이 경제 위기를 계기로 마음의 여유를 찾을 수 있는 곳으로 떠나고 싶은 것이다. 물론 그들 중에는 60세가 넘는 은퇴자들의 비중이 가장 많았다. 버블 붕괴가 계기가 되었지만 무엇보다도 장기 불황에 대한 불안으로 귀농을 결심했을 것이다.

일본 농림수산성에서 귀농자들을 대상으로 귀농 동기에 대해 앙케트 조사를 해 보았는데, 가장 많았던 답변이 '자기 스스로 창의적인 연구를 할 수 있다는 점에서 보면 농업이 가장 좋다'는 것이었다. 그다음은 시골 생활, 자유로운 시간 등의 순이었다.

이렇게 귀농 인구가 증가하다 보니 버블경제가 붕괴되고 부동산 가격이 폭락하는 가운데서도 도쿄, 오사카 등 6대 도시를 제외한 나머지 지방의 부동산 가격은 특히 토지 가격은 도시에 비해 상대적으로 급격히 하락하지는 않았다. 버블이 붕괴되면서 상업지가 가장 급격히 하락하였고, 주택지도 상업지만큼 다이내믹하게 하락세를 보인 것은 아니지만 어느 정도 하락세를 피할 수는 없었다. 대도시에서 지방으로 귀농 수요가 있었기 때문에 오히려 지방의 땅값 하락세를 좀 지탱해 주기는 했을 것이다. 물론 그 이전에 대도시 부동산보다 덜 올랐기 때문에 부동산 하락기에는 덜 내려가는 것은 맞는 말이지만, 귀농 인구의 유입으로 지방 부동산 가격에 영향을 미친 부분은 분명히 있을 것이다.

한국도 1997년 IMF 외환위기 이후 고향으로 유턴하거나 귀농하는 사람들이 급격히 증가하였다. 일본도 1990년 버블경제 붕괴 직후보다도 붕괴 후 3년 뒤인 1993년부터 본격적으로 귀농 바람이 불이 시작한 것처럼 한국도 외환위기를 간신히 넘긴 후 한숨 돌렸을 때인 1999년, 2000년경부터 귀농의 바람이 불었다. 그 당시에도 생각이 들었던 것이지만, 경제적으로 위기를 겪고 난 후에는 사람들의 마음이 복잡한 도시를 떠나려는 심리가 많이 작용하는 것 같다. 일본에서도 도쿄의 주변 지역으로 귀농 인구가 증가하면서 토지가격의 하락세가 어느 정도 지탱되어 준 것처럼, 한국의 경우도 귀농 바람을 타고 도시 주변 지역의 땅값이 좀 올랐다. 2000년 초 경기도 양평, 용인 등 수도권을 중심으로 전원주택 용지 땅값이 많이 올랐던 것으로 기억한다. 물론 수도권 주변 아파트 가격이 많이 올랐기 때문에 토지 가격도 덩달아 영향을 받았을 수도 있었겠고, 또 전원주택 실수요자들이 많아 올랐을 수도 있었다. 토지 가격이라는 것이 아파트, 주택 등 부동산 가격이 상승한 후 마지막으로 오르는 것이라고 한다. 그렇지만 분명 귀농, 전원생활 등을 목적으로 인구가 유입되면서 부동산 가격에 영향을 미쳤던 부분도 있었을 것이다. 수요공급의 원칙에서 수요가 많으면 당연히 가격은 올라가지 않는가.

우리나라 통계청에 따르면 2012년 2만 7,008가구가 도시에서 농촌으로 옮겼다고 한다. 귀촌을 포함한 귀농 인구는 2005년 1,240가구에서 2012년까지 21배가 넘게 늘었고, 2010년부터는 6배가 넘게 늘었다고 한다. 최근에는 이러한 귀농 인구가 증가함에 따라 농식품부, 농촌진흥청·농협·농어촌공사 등이 연합해 2012년 3월 귀농귀촌종합센터도 출범시키는 등 적절한 지원을 하고 있다. 베이비붐 세대의 은퇴와 맞물려 복잡한 도시보다는 농촌에서의 시간적 공간적 여유로움, 자기 스스로 창의적인 개발을 해 보려고 귀농을 결심한 분들이 많이 늘고 있다.

지인 중에는 외환위기 직후 모든 것을 다 정리하고 전세금으로 조그마한 텃밭을 사서 귀농을 했던 분이 있다. 농사를 배우면서도 철저히 친환경 농법으로 재배를 하려고 무던히 노력했던 분이다. 남들이 농약을 쓸 때 그 지인은 시간이 걸리지만 본인이 직접 발효시켜 만든 농약과 비료로 농사를 지어 상당한 실효를 거두었다. 게다가 본인의 농사법이 그곳 지자체로부터 인정을 받아 경제적 지원도 받고 이웃에게 알려 주기도 하는 등 성공적인 귀농인이 되었다. 이렇게 귀농인들의 환경에 대한 인식과 자기만의 기법을 개발하는 등 노력도 일조가 되었기에 현재 우리 친환경 농사는 일본보다도 앞선다는 평가를 받고 있다. 한국은 1997년에 환경농업육성법이 성립되어 2001년에 벌써 친환경인증제도를 도입하며 친환경 농사를 확산시켰다. 반면 일본은 농산물의 유통이나 상품화 등은 선진화되었지만 친환경

농업에 있어서는 2006년 말에 유기농업추진법이 성립되는 등 한국보다 좀 뒤늦게 시작하였다.

　일본의 경우는 전철이 매우 발달하여 수도권 지역으로 귀농이나 이사를 한다고 해도 우리나라만큼 불편하지는 않은 것 같다. 이런 편리한 교통 시스템이 있기 때문에 경제 침체기에 귀농을 과감하게 결정하기가 상대적으로 쉬웠을 수도 있었을 것이다. 그러나 경제 위기 이후에는 사람들이 경제적 또는 심리적인 이유로 도시를 떠나 농촌으로 이동하려는 마음은 일본이나 한국이나 비슷한 것 같다. 그 과정에서 농촌의 전원주택지, 농경지 등 토지 가격에 영향을 미친 것은 사실이다. 일본은 1990년 버블경제가 붕괴되면서 그 후 이런 현상이 나왔고 한국은 1997년 외환위기 이후 이러한 현상이 일어났다. 서로 닮은 것 같다. 최근에는 일본이나 한국이나 베이비붐 세대가 본격적인 은퇴를 맞이하면서 귀농이나 귀촌을 하고 있는 것을 보니 정서 또한 비슷하다는 것을 느낀다.

친환경 도시 만들기,
쓰쿠바(筑波) 연구 학원 도시

마치즈쿠리(街づくり; 마을 가꾸기)는 기존 건물이나 거리 등을 개선할 뿐만 아니라 역사, 문화적인 면까지 보호하고 개선하여 살기 좋게 꾸미는 것을 말한다. 쓰쿠바는 특히 이러한 마치즈쿠리가 아주 잘되었다고 할 수 있다.

쓰쿠바시 위치 및 쓰쿠바 연구 학원 도시 팸플릿

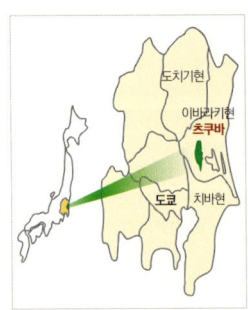 

1997년에 쓰쿠바(筑波)라는 도시를 가 본 적이 있다. 내가 쓰쿠바라는 도시를 알게 된 것은 일본어를 처음 배울 당시 사용했던 교재가 쓰쿠바대학에서 만든 교재였기 때문이다. 쓰쿠바

대학은 일본 내에서도 명문 대학으로 손꼽히고 있고, 게다가 그 대학이 있는 쓰쿠바라는 도시가 친환경 연구 도시로 일본 내에서는 상당히 알려져 있다. 이바라키현(茨城縣)에 있는 쓰쿠바시(市)의 '쓰쿠바 연구 학원 도시'는 도쿄 도심에서 동북 방향으로 약 50킬로미터 떨어진 곳에 위치하고 있으며, 도쿄 아키하바라(秋葉原)역에서 쓰쿠바역까지 도시고속철도로 45분 걸리고 자동차로 가더라도 1시간이면 갈 수 있는 곳이다. 일본에 있을 때 가끔 통역이나 가이드 등 아르바이트를 하곤 했었는데, 한번은 한국의 국토부에서 쓰쿠바로 견학 온 분들 통역을 나가게 되었다. 방문한 곳이 쓰쿠바 시청이었다. 쓰쿠바 시청에서 근무하는 직원이 우리 일행을 맞아 친절하게도 이곳저곳 안내해 주며 설명을 잘해 주었다. 쓰쿠바라는 도시를 만든 경위, 도시 안에 있는 여러 연구기관, 도시 정수시설 및 상하수도 시설 등 '마을 가꾸기(마치즈쿠리; 街づくり)'에 대해 자세히 설명해 주었다.

일본은 1960년대 초 급격한 경제성장에 따라 도쿄로 인구가 집중될 것을 우려하여 수도권 주위로 인구를 분산하였다. 게다가 과학기술의 진흥, 국립연구기관의 노후화에 따른 쇄신이 필요하여 기능상 반드시 도쿄에 있을 필요가 없는 관청 및 부속기관, 국립학교 등을 이전하였다. 쓰쿠바 연구 학원 도시는 연구, 실험, 교육 등 연구 환경을 조성하는 한편 전원도시로서의 정비를 함께하여 기존 수도권으로 집중된 인구를 분산할 목적으로 1960년 초부터 건설하기 시작하였다. 즉 정책적 필요에 의해 만들어진 전형적인 친환경 연구도시였다.

쓰쿠바시의 면적은 서울 강북과 비슷한 크기이다. 이 작은 도시에 공원이 209개나 들어 있으니 자연환경과 잘 어우러진 도시라는 느낌이 난다. 2023년 현재 쓰쿠바 시내에는 국책 연구기관만 29개가 넘고 민간연구기관을 합하면 150개가 넘는 연구기관들이 들어와 있어서, 일본에서도 최고의 과학 메카이기도 하지만 동시에 친환경 도시로서도 명성을 날리고 있다.

일본에 가면 대부분의 마을들이 정말 아기자기하고 예쁘게 정리 정돈이 잘되어 있다. 이렇게 마을 공동체에서 마을을 꾸미는 것을 마치즈쿠리(街づくり)라고 한다. 이러한 마치즈쿠리는 기존 건물이나 거리 등을 개선할 뿐만 아니라 역사, 문화적인 면까지 보호하고 개선하여 살기 좋게 꾸미는 것을 말한다. 시골의 낡은 집이라도 잘 정돈되어 있어서 각각의 집이나 건물들이 동네 분위기와도 잘 어우러져 있다. 쓰쿠바는 특히 이러한 마치즈쿠리(街づくり)가 아주 잘되었다고 할 수 있다. 쓰쿠바 연구학원 단지와 전원도시가 아주 잘 접목된 사례로 남아 있다.

쓰쿠바 시청에서 나온 사람이 우리 일행에게 주변 마을을 보여 주었다. 마을은 우리 한국의 시골과 비슷한 고즈넉한 분위기인데 참 깨끗하고 정돈이 잘된 느낌이었다. 그중에서 내 눈에 인상 깊게 들어온 것이 마을 주위를 돌고 있는 수로(水路)였다. 옛날로 따지면 개울 같은 것일 텐데, 너비는 1미터 남짓이며 깊이는 무릎 정도로 깊지 않은 수로가 꾸불꾸불 마을 구석구석을

굽이치며 흐르게 만들었고 그 안에는 잉어들이 한가로이 돌아다니고 있었다. 쓰쿠바 시청 직원의 이야기로는 이 물은 그 마을 생활하수가 정수되어 흘러 들어간다고 하였다. 친환경 설계가 되어 있어 자연스럽게 자연과 함께 생활하도록 되어 있다는 것이다.

1973년 건설을 시작한 한국의 대덕연구단지도 여러 국가의 연구도시를 벤치마킹했겠지만, 특히 일본의 쓰쿠바 연구 학원 도시를 더 많이 참고로 해서 만들었다고 한다. '연구단지'라는 이름을 정할 때도 '연구 학원 도시'로 할지 '연구단지'로 할지 고민을 하였다고 한다. 지금처럼 환경이 많이 강조되는 시점, 장기적인 관점에서 친환경 도시 설계, 주변 지역과의 자연스런 조화 등을 좀 더 접목시켰더라면 하는 아쉬움이 남는다.

우리나라에서도 몇 년 전부터 '마을 가꾸기'를 일부 지역에서 하고 있다. 무조건 다 밀어 버리고 개발시키던 부동산 개발을 기존 모습을 어느 정도 유지한 채 계획적으로 개선하고 보수하여 전체적으로 조화를 이룰 수 있도록 마을을 가꾸는 개발로 바뀌어야 한다.

앞으로도 사람과 환경이 더욱 중요시되는 만큼, '마을 가꾸기' 개발에 있어서 정서가 비슷한 일본 사례를 참고로 하여 우리의 전통과 색깔을 잘 접목시켜 나가기를 바란다.

| 에필로그 |

일본에 처음 갔던 때가 1994년이었다. 올해로 30년이 흘렀다. 그동안 학생으로서 또 회사원으로서 일본과 일본인을 겪어 보았다. 처음 일본을 갔을 때 몇 개월간은 일본이라는 나라 자체에 대한 호기심에 신기하고 재미있는 나라라고 느껴졌다. 그 후 자연스럽게 우리나라와 일본을 비교하게 되었는데, 시간이 흐름에 따라 보는 기준이 변화해 갔다. 처음에는 한국을 기준으로 일본의 모든 것을 평가하여 '별것 없다'는 생각을 많이 했지만, 기준이 바뀌며 일본을 기준으로 한국을 평가하게 되니 '우리나라도 이런 점은 배웠으면 좋겠다'라는 것이 보이기 시작했다.

한국과 일본 문화를 비교하는 단계가 지난 후에는 일본인, 그들은 어떤 생각을 가지고 있을까라는 의식이나 사상적인 면을 많이 생각해 보게 되었다. 그리고 좀 더 시간이 흘러서 장인정신, 서비스 정신, 경제대국 등 현재의 일본을 만든 그 원인은 어디에 있을까라는 의문에 대해 깊게 생각해 보는 단계에 이르렀다.

30년간 보고 듣고 느낀 점을 글로써 정리하게 된 배경은 단한 가지였다. 내 자녀에게 일본과 일본인에 대해 제대로 알려 주고 싶어서였다. 왜 알려 주고 싶을까. 그것은 한국과 일본이 역사적, 정치적인 문제의 갈등으로 서로의 진면목이 가려져 있어도, 떼려야 뗄 수 없는 존재이기에 제대로 알고 있어야지 향후에 우리 자녀들이 그 갈등에 대해 현명하게 대처할 수 있을 것 같았기 때문이었다. 그래서 주로 일본인의 사상에 중점을 맞추어 글을 적었다.

처음 글을 시작할 때는 이 책의 제목을 『사쿠라의 혼』으로 정해 두고 일본인의 정신, 사상 등이 큰 흐름이 되도록 노력하였다. 글을 다 적은 후에 제목이 너무 무거운 느낌이 나서, 『꼭 알려주고 싶은 일본이야기』로 제목을 바꾸게 되었다. 그 후 10년 만에 업데이트를 해서 『왜 그럴까? 일본 이야기』가 되었다.

머리말 첫 문장이 "일본, 그들은 우리에게 무엇일까?"라고 물었다. 역사적, 정치적인 갈등이 있어도 기업, 민간단체 등에서는 경제적 문화적 교류를 활발히 해 나가고 있다. 현실이 이러한데도 '일본은 우리에게 무엇일까'에 대한 명확한 답은 내리지 못하고 있지 않은가.

　한국과 일본이 서로가 서로에게 도대체 '무엇일까'라고 물으며 답을 구하려고 하기보다, 서로에게 '어떤 존재가 되었으면 좋겠는가'에 대해 답을 찾도록 서로 노력했으면 한다. 그러기 위해 서로에 대해 좀 더 알아 가야 하지 않을까. 이 책이 일본을 연구하고 알아 가는 데 조금이나마 도움이 되었으면 한다.